The Key of Life

Ersay Kartal (24.12.1989)

Ersay Kartal

The Key of Life

Impressum

Bibliografische Information der Deutschen Nationalbibliothek:
Die Deutsche Nationalbibliothek verzeichnet diese Publikation in der Deutschen Nationalbibliografie; detaillierte bibliografische Daten sind im Internet über http://dnb.dnb.de abrufbar.

© 2020 Ersay Kartal

Herstellung und Verlag: BoD – Books on Demand, Norderstedt

ISBN: 978-3-7528-4827-4

Inhalt

Vorwort

Wir alle kommen auf diese Welt. Manche werden in arme und andere in reiche Verhältnisse hineingeboren. Die einen erleben eine schöne Kindheit, andere wiederum eine schreckliche. Wir wachsen heran, werden zum Erwachsenen und versuchen unser Leben zu meistern. Das Leben jedes Einzelnen ist wie eine Ader, die durch den gesamten Körper fließt, denn jeder einzelne geht seinen Weg und erhält seine individuelle Prägung. So eigens auch die Existenz jedes Einzelnen erscheinen mag, führen wir doch alle gemeinsam dasselbe Leben. Wir sind scheinbar alle individuell und einzigartig, doch entspringt jedes Bild nur dem Winkel. Denn erweitern wir diesen, dann stellen wir ernüchternd fest, nur ein Stück der wohl mächtigsten Massenproduktion zu sein. Mit über 345.000 täglichen Fertigstellungen weltweit. In jeder Sekunde erblicken vier neue Menschen diese Welt. Wie einzigartig sind wir also wirklich?

Das Leben ist wie ein Spiel. Der Verlauf und der Ausgang jedes einzelnen Spiels mag seine Individualität besitzen. Doch spielen wir alle gemeinsam ein und dasselbe Spiel. Ein Spiel, dessen Regeln uns nicht bekannt sind, werden wir nicht beeinflussen können und das Spiel wird uns dominieren. Der Mensch versucht schon seit jeher, Ordnung und klare Regeln für alle Lebensbereiche zu schaffen. Manche Regeln scheinen sogar so gut zu sein, dass sie von ganzen Staaten übernommen werden. Das deutsche Bürgerliche Gesetzbuch, welches die Regeln zwischen Privatpersonen festlegt, ist in seiner Systematik so schlüssig, dass es von anderen Staaten, wie beispielsweise Japan, Griechenland, Italien, Portugal, Schweiz, China oder die Türkei, als Vorlage verwendet wurde. Die Systematik des deutschen Bürgerlichen Gesetzbuchs bildet eine derartige Ordnung, dass dessen über 100 Jahre alter Wortlaut auch noch heutige zwischenmenschliche Dissonanzen mühelos erfasst. So viele verschiedene Nationen mit eigens geprägten Kulturen und Religionen, aus denen sich unterschiedlichste Arten des zwischenmenschlichen Aufeinandertreffens ergeben, doch eine Adaption einheitlicher Regeln funktioniert wohl erstaunend mühelos. Hinzu kommt eine gigantische Anzahl von Regeln, die sich aus internationalen Verträgen zwischen einzelnen Staaten und Verordnungen und Richtlinien, wie etwa die der europäischen Union, ergeben. Die allesamt dasselbe Ziel verfolgen, nämlich die Schaffung einheitlicher Regeln. Trotz so vieler Milliarden von scheinbar individuellen Menschen erscheint die Einführung einheitlicher Regeln doch stets sinnvoll zu sein.

Wir leben in einem Zeitalter, dessen Fortschrittlichkeit an Rasanz nicht zu übertreffen ist. Alles, was uns umgibt, ist das Resultat einer über 200.000 Jahren alten Menschheitsgeschichte. Aber geht es um das Leben, das jeder einzelne Mensch zu führen hat, völlig egal, in welchem Land er lebt und wie arm oder reich er ist, bleibt es stets dasselbe einheitliche Leben. Warum jedoch haben wir keine einheitlichen Regeln darüber, wie ein Leben zu führen ist?

Wir leben in einer solch fortschrittlichen Ära und versuchen in allem die Ordnung zu sehen. Doch geht es um das Wichtigste überhaupt, das menschliche Leben, so haben wir nichts Besseres als:

„Du sollst nicht töten" und *„Liebe deinen Nächsten"*

Dieses Buch ist dem Leben und nicht dem Menschen gewidmet, da der Mensch nicht weiß, wie er ein Leben zu führen hat. Dieses Buch wird dir nicht sagen, wie toll du bist. Denn das bist du nicht. Das ist keiner von uns. Dieses Buch ist keins, das dich streichelt und dir dabei zuflüstert, dass du sowie du bist, perfekt bist. Dies ist kein Buch zum Einschlafen, sondern eins zum Aufwachen. Im ersten Kapitel darfst du noch behutsam mit den Zehen die Temperatur des Wassers erfühlen. Doch ab dem zweiten Kapitel springen wir hinein in das Kalte und nur du entscheidest dann, ob du schreckhaft wieder hinausspringst oder dich der Kälte stellst und das Schwimmen erlernst.

Ab sofort bitte ich dich um vollständige Konzentration. Denn es geht um dein Leben.

Kapitel I - Homo sapiens (der moderne Mensch)

1. Das brennende Kind

Wir leben in einem Zeitalter, das von einem Übermaß an Unterhaltung geprägt ist. Netflix, Amazon, Spotify, Facebook, YouTube, Instagram, Snapchat und wie sie alle heißen oder in der Zukunft auch heißen mögen. Die Menschen können kaum den Weg zu ihrer Arbeit, eine Zugfahrt von 20 Minuten, ohne ihre Kopfhörer bestreiten. Sie sind von einem Drang zur permanenten Aufnahme von Unterhaltung beherrscht. Jede freie Minute wird in Konsum investiert, doch ohne dabei zu realisieren, dass die Zeit, die wir haben, unser wertvollstes Gut und der Konsum von Unterhaltung ein Wert frei von Ertrag ist. Einfach gesagt, es bringt uns einen verdammten Scheiss, wenn wir uns ständig mit Scheisse zumüllen. Von sinnlosen Serien über schwachsinnige YouTube-VLogs bis hin zu Zahnbürsten-Empfehlungen auf Instagram von Influencern. Selbstverständlich kann man all diese Dinge auch mal konsumieren, aber eben in Maßen und nicht permanent. Denn wie bereits gesagt, es sollte uns klar sein, dass wir für den Konsum dieser Medien das wertvollste menschliche Gut eintauschen, unsere Zeit. Daher solltest du lernen einen guten Handel einzugehen, insbesondere wenn es um deine Zeit geht.

Stell dir die Frage darüber, was du für deine Zeit bekommst und ob es diese auch wert ist. Schließlich kaufen wir uns auch kein Mohnbrötchen für 7 €, sondern kritisieren stattdessen den noch für zu teuer empfundenen

Preis von über 70 Cent. Doch geht es um den Konsum von Unterhaltung, liegt genau darin die Problematik. Die Menschen sind sich nicht im Klaren darüber, gerade stolze 7 € für ein Mohnbrötchen zu bezahlen. Sie halten das Geld einfach nur für Papier und das Mohnbrötchen für Gold. Ich möchte, dass du deine Augen öffnest und erwachst. Deine Zeit ist dein wertvollster Besitz und du kannst dessen Verlust nicht aufhalten, jedoch bestimmen, gegen was du deine Zeit eintauschst. Daher bist auch du verantwortlich für deinen Ertrag. Beginne damit, deine Zeit wertzuschätzen. Denn kennst du dessen Wert nicht, wirst du allem anderen einen falschen Wert zuordnen, dadurch vielen schlechten Handel eingehen und ertraglos bleiben.

Doch zunächst müssen wir verstehen, aus welchen Gründen überhaupt ein derartiger Konsum von Unterhaltungsmedien stattfindet. Daher ist es wichtig darzulegen, was während des Vorgangs des Konsums, also beispielsweise beim Ansehen einer Serie, passiert und in welchen Zustand ein Mensch verfällt.

Jede Art der Aufnahme, dabei ist es gleich, ob wir ein Sachbuch lesen, uns einen Spielfilm ansehen oder einem anderen Menschen zuhören, führt dazu, dass unser bewusstes Denken vom Inhalt des Aufgenommenen beeinflusst wird. Je nach Grad der Intensität des aufgenommenen Inhalts kann es sogar zu einer zeitweißen Fremdkontrolle unseres bewussten Denkens führen.

Das mag auf den ersten Blick sehr beunruhigend klingen. Jedoch ist es genau dieser Zustand, der durch den Konsum von Unterhaltungsmedien, dem sogenannten „einfach mal abschalten", willentlich herbeigerufen wird. Das bewusste Denken wird willentlich abgeschaltet, etwas anderes, etwas Fremdes soll nun die Kontrolle übernehmen. Die Frage, die sich stellt, ist, weshalb die Kontrolle über das bewusste Denken bewusst abgegeben wird? Was ist mit den bewussten Gedanken dieser Person nicht in Ordnung? Und was bewirken sie? Sodass ein Abschalten dieser Gedanken erwünscht wird.

Unsere Gedanken reflektieren den aktuellen Geisteszustand. In der gesamten „Lehre" der „Persönlichkeitsentwicklung" wird vermittelt, dass wir das Produkt unserer Gedanken sind. Auf dieser Annahme beruhend werden vermeintlich Sätze wie „Denk dich reich!" oder „Positive Gedanken führen zu einem positiven Leben." gepredigt. Jedoch ist diese Annahme falsch. Denn das genaue Gegenteil spiegelt die Realität. Wir sind nicht das Produkt unserer Gedanken, sondern unsere Gedanken sind ein Produkt unseres Geistes. Der Meister unseres Lebens sind nicht unsere Gedanken, es ist unser Geist. Unsere Gedanken sind dem Geist nämlich untergeordnet.

Wenn ich also nun ein Problem damit habe, meinen bewussten Gedanken Gehör zu schenken, dann nur, weil ich nicht erfahren möchte, in welch miserablem Zustand sich mein Geist befindet. Das bedeutet, mit seinem

Geisteszustand nicht konfrontiert werden zu wollen und eine Vermeidung des Blicks in den Spiegel. Aus Angst vor dem eigenen Spiegelbild. Der Spiegel wird zur Seite geschoben, der Blick vom Notwendigen abgewendet und der Illusion (Netflix, Amazon ...) zugewendet.

Dies ist die größte Täuschung, die ein Mensch begehen kann. Die Verdrängung der Gedanken zum Zwecke der Vermeidung einer Wahrnehmung des Selbstbilds. Das ist die tiefste Ebene, auf der ein Betrug stattfinden kann. Als würden wir die Augen und Ohren vor einem in Flammen stehendem Kind verschließen, das um Hilfe schreit, und dabei nicht bemerken, dass wir selbst dieses Kind sind. Gib dich nicht der illusionierenden Verdrängung hin, sondern respektiere deine Gedanken. Das sind an dich gerichtete Worte aus dem tiefsten deines Selbst. Fürchte dich nicht davor, dich dieser Stimme zu stellen. Denn sie übermittelt die Botschaften deines wichtigsten Begleiters, die deines Geistes. Wenn auch die Gedanken schmerzhaft sind oder dich scheinbar zu Negativem motivieren, so sind auch dies wichtige Informationen. Denn diese lassen dich erst die Hitze des brennenden Kindes spüren und nur dadurch kann dir überhaupt bewusstwerden, dass du ein Feuer zu löschen hast, dass Du also deinen Geist neu zu kalibrieren hast. Lenk dich nicht ab. Ablenkungen können Großbrände verursachen. Stehe im ständigen Kontakt mit deinem Geist. Denn nur auf diesem Wege ist es dir möglich, aus brennendem Boden wieder fruchtbaren zu schaffen.

2. Mangos aus Peru

Wir sitzen in schönen Cafés und genießen warme Sonnentage. Wir gehen mehrmals im Jahr in den Urlaub, genießen abendliche Restaurantbesuche und Unternehmungen an den Wochenenden mit Freunden. Unsere Kühlschränke sind überladen und wir bekommen im Discounter um die Ecke alles, was wir uns erträumen können, für einen Spottpreis. Sollte uns aber sogar der Gang in ein Geschäft zu anstrengend sein, so bringt uns selbstverständlich der Onlineversandhändler, innerhalb eines Tages alles bis vor die Haustüre. Das Leben, welches wir führen, ist bequem, sorgenfrei und losgelöst von jeglichen Existenzängsten.

Wenn wir etwas möchten, dann bekommen wir es sofort und ohne größere Anstrengung. Haben wir Kopfschmerzen, dann nehmen wir eine Schmerztablette. Verspüren wir einen leichten Appetit, langen wir in die Chips-Tüte. Vermissen wir einen Menschen und möchten ihn sehen, so klingeln wir per Videoanruf durch. Haben wir Lust auf einen bestimmten Film, sehen wir uns diesen im Internet an. Möchten wir ein bestimmtes Buch, laden wir es uns herunter. Haben wir Lust auf eine Pizza, so wird diese bestellt ...

Wir führen ein Leben voll mit permanenter Bedürfnisbefriedigung. Jedoch hat dieses Übermaß an schneller Befriedigung verheerende Auswirkungen. Wir sind es nicht mehr gewohnt, auf etwas warten oder geschweige denn verzichten zu müssen. Haben wir ein Problem, dann muss dafür umgehend die Lösung her. Es ist für uns völlig normal, alles überall und zu jeder Zeit zu bekommen. Genau diese ständige Übersättigung führt dazu, dass bereits die kleinste Abweichung von der Erwartung die Menschen in eine Dramatik verfallen lässt. Wir verlieren nach und nach den Umgang mit Schmerz, Leid und Ablehnung. Ist die bestellte Pizza nicht innerhalb von 45 Minuten da, so entsteht Nervosität. Gibt es im Discounter um die Ecke keine Mangos aus Peru mehr, sind wir erbost. Kann ich den neuen Spielfilm, der vor ein paar Wochen noch in den Kinos lief, nicht ansehen, „weil mein W-LAN wieder mal hängt", dann „ruiniert mir das den ganzen Abend".

Die beschriebenen Empfindungen sind vor einigen Jahren noch aufgekommen, weil jemand vielleicht einen ganzen Tag nichts zum Essen hatte. Weil es vielleicht ungewiss war, ob ein geliebter Mensch gesund oder überhaupt wieder aus dem Krieg zurückgekehrt ist. Heute sind wir traurig, weil der Onlineshop die Sneaker nicht mehr in unserer Größe hatte.

Bau wieder ein gesundes Verhältnis zu deinem Schmerzempfinden auf. Lerne mit Leid und Ablehnung umzugehen.

3. Axiomatische Mengenlehre

Heutzutage präsentieren wir auf den sozialen Medien, wie beispielsweise Instagram, Ausschnitte aus unserem Leben. Selfies und Schnappschüsse sind unsere ständigen Begleiter geworden. Permanent wird versucht zu zeigen, wie toll doch das eigene Leben sei. Bilder vom traumhaften Urlaub, das perfekte Dinner im teuren Restaurant, ein neues Outfit, das sofort gepostet werden muss und Selfies aus dem VIP-Bereich eines „angesagten Clubs", die zeigen sollen, wie „angesagt" wir sind. Interessant wird es jedoch, wenn einem ein Blick hinter die Kulissen gestattet wird. Wenn wir erfahren dürfen, welches Leben sich tatsächlich hinter all den tollen Bildern verbirgt. Wir lernen eine Person kennen und haben vielleicht vorab dessen „Profil" auf entsprechender Plattform durchstöbert. Denn schließlich fungiert das Profil dieser Person mit all den Bildern als eine Art Vorschau auf dessen, was zu erwarten ist. Die Bilder dieser Person hauen uns sprichwörtlich einfach nur um. Wir fragen uns, welches spannende Leben diese Person wohl führen muss und können es kaum erwarten, in näheren Kontakt zu ihr zu treten. Nach ein paar Treffen werden wir schließlich von dieser umwerfenden Person zu einem Besuch in dessen Wohnung eingeladen.

Plötzlich bemerken wir, dass in dieser Wohnung eine ziemliche Unordnung herrscht. In der Küche stapelt sich das schmutzige Geschirr, Staub, wo immer man auch hinschaut, und das Badezimmer in einem katastrophalen

Zustand. Ein großes Fragezeichen tut sich in uns auf. Wie kann eine Person, die doch scheinbar so ein tolles, aufregendes und vielleicht sogar luxuriöses Leben führt, in solch einem Saustall leben? #Widerspruch

Bevor wir irgendwelche „tollen" Bilder auf Instagram posten, wischen wir erst mal unsere Kackstreifen vom Klo. Wir müssen Prioritäten setzen und danach filtern, was wirklich von Bedeutung ist. Gehe ich jetzt raus und setze mich mit meinen Freunden in ein Café oder spüle ich erst mal mein schmutziges Geschirr und schmeiße die leeren Pizzakartons von letzter Woche weg? Bezahle ich die Stromrechnung, die bereits seit zwei Wochen auf der Fensterbank vor sich hinvegetiert oder kaufe ich mir ein paar neue Schuhe? Entspanne ich gemütlich mit der Chipstüte und Netflix oder ziehe ich mir die Laufschuhe an und gehe eine Runde Laufen?

Das Wort Ordnung stammt aus dem lat. ordinare ab und bedeutet „in Reihe bringen". Wie bereits gesagt, Du solltest Prioritäten setzen, also die Dinge in der richtigen Reihenfolge anordnen. Schaffe Ordnung in deinem Geist. Entscheide nicht nach Lust und Laune, sondern reihe die Dinge ein. Wenn deine Wohnung schmutzig ist, dann ist es nicht deine Wohnung, die unordentlich ist, sondern du bist es. Es bedeutet, du bist nicht dazu in der Lage, die Dinge in die richtige Reihenfolge zu setzen.

Als könnte eine Person nicht bis Zehn zählen: „8,9,4,7,6,3,2,1,5,10", und zugleich auf seinen Instagram-

Bildern axiomatische Mengenlehre an der Universität in Stanford unterrichten.

4. Am Kassenband

Wenn wir etwas möchten, dann muss es bereits gestern geschehen sein. Schließlich ist das Leben, das wir führen, knapp getaktet und lehrt uns scheinbar schnell zu sein.

Wir haben keine Zeit für ein ordentliches Mittagessen und greifen daher zum „Fast Food", um dann dort ewig an der Schlange zu warten.

Bei Online-Bestellungen wird natürlich der Express-Versand gewählt, denn die neuen Kerzenständer müssen auf jeden Fall bis morgen um 12 Uhr da sein.

Es ist eine Unverschämtheit, wenn wieder einmal auf dem Weg zur Arbeit der Zug 5 Minuten Verspätung hat.

Schreiben wir jemandem eine WhatsApp-Nachricht, so sind wir empört über dessen Frechheit, die Nachricht gelesen zu haben und nach einer vergangenen Stunde immer noch nicht geantwortet zu haben.

Die Menschen sind unfassbar ungeduldig. Sie glauben keine Zeit zu haben. Eine Schlange an der Supermarkt-Kasse bringt sie bereits komplett aus der Fassung, und wenn dann plötzlich das Signal erscheint, das darauf hinweist, dass eine weitere Kasse öffnen wird, dann schmeißen sich alle gleichzeitig mit ihren Tiefkühlpizzen an das Kassenband. In solch einem Moment stehe ich beobachtend daneben und stelle mir selbst eine tiefgreifende, gesellschaftskritische und philosophische Frage:

„Habt ihr sie eigentlich noch alle?"

Es ist kaum zu glauben, welch ein Affentanz da draußen für den scheinbaren Kampf um die Zeit veranstaltet wird.

Das Lesen dieses Buchs wird deinen Geist verändern und dir nach und nach einen „erwachten Blick" ermöglichen. Du wirst anfangen die Menschen anders wahrzunehmen. Ja, vielleicht werden sie dir sogar wie eine Herde voller Zombies vorkommen.

Wohin rennen all diese Menschen?
Warum haben sie keine Zeit?

Wir müssen klären, weshalb sie so ungeduldig sind. Das Wort Geduld geht auf das indogermanische Verb „tol" zurück, das so viel wie tragen/ertragen bedeutet. Die Frage ist, was genau ein geduldiger Mensch also ertragen oder dulden kann.

Die Geduld beschreibt die Fähigkeit, ein unerfülltes Verlangen oder eine ungestillte Sehnsucht akzeptieren zu können. Ein unerfülltes Verlangen hinzunehmen und davon unberührt weiterzuleben, dies ist die eine Sache, die je nach Intention der Sehnsucht eine leichtere oder schwierigere Herausforderung darstellt.

Doch viel interessanter sind die Situationen, die sich bereits als unerfüllte Wünsche für die meisten Menschen darstellen. Wie gut muss es einem Menschen gehen, dem eine 5-minütige Verspätung des Zugs als solch eine Unerfülltheit erscheint?
In welch fast schon utopischen Verhältnissen lebt jemand, der es kaum ertragen kann, ein paar Minuten an einer Supermarkt-Kasse anzustehen?
Es ist nicht so, dass diese Menschen keine Zeit hätten und daher etwas schnell geschehen muss. In Wirklichkeit können Sie es schlicht und ergreifend nur nicht ertragen, eine Sache nicht sofort zu bekommen, die sie wollen. Diese Menschen besitzen keinerlei Widerstandskraft. Sie ertragen es einfach nicht, auf etwas warten zu müssen und werden somit von ihren eigenen Erwartungen geistig versklavt.

Wenn ich keine Erwartungen an meine Außenwelt habe, dann werde ich auch nie auf etwas warten. Ich lerne mich von allen illusionären Erwartungen loszulösen, indem ich mich darin trainiere, jede auftretende Situation erst mal hinzunehmen. Wenn ich das lerne, dann erfahre ich, was tatsächliche Freiheit bedeutet. Nämlich die Freiheit meines Geistes. Die Freiheit des Geduldigen. Denn die Ungeduld ist pures Gift für unseren Geist. Sie macht uns zu Marionetten unserer Sehnsüchte, schwächt unseren Geist und bringt dadurch ein lächerliches und schwaches Verhalten hervor.

Wenn du anfängst zu verstehen, dass du nichts im Leben kontrollieren kannst, außer deinen Geist, dann wirst du eine tiefe Entspanntheit erfahren. Du wirst nicht mehr länger von deiner Außenwelt abhängig sein, Widerstandskraft aufbauen und unendliche Geduld entwickeln.

Kapitel II - Hortus (der Garten)

1. Dein Leben ist ein Garten

Hast du dir jemals die Frage gestellt, was genau dein Leben ist?

Die Frage ist nicht philosophisch zu interpretieren und stellt nicht auf den „Sinn des Lebens" ab. Vielmehr ist der Blick auf das eigene Leben gemeint.
Kannst du deinem eigenen Leben ein Bild zuordnen? Siehst du es überhaupt? Und kannst du es von allem anderen losgelöst betrachten?

Es ist von fundamentaler Bedeutung, einen Blick auf das eigene Leben zu entwickeln und ein klares Bild sehen zu können. Ein Bild, das unser eigenes Leben darstellt. Denn wir können nichts formen, voranbringen, entwickeln und beschützen, was im Dunklen verborgen liegt und wir nicht sehen. Wir werden nicht dazu in der Lage sein, Selbstrespekt zu entwickeln.
Das Wort Respekt stammt vom lat. respectus ab und bedeutet „zurückschauen". Damit ist der wiederholte Blick auf ein Subjekt gemeint, durch stets auf das Neue eine wachsame Prüfung stattfindet. Folglich zielt der Selbstrespekt auf eine wachsame Prüfung des eigenen Lebens ab. Jedoch kann solch eine prüfende Rückschau nur auf Grundlage eines klaren Selbstbildes erfolgen. Also einem Bild des eigenen Lebens.

Ich möchte, dass du dir dein Leben als einen Garten vorstellst. Diesen Garten pflegst du kontinuierlich. Die Pflege deines Gartens umfasst viele verschiedene Tätigkeiten. Du baust Beete an und pflegst diese. Du säst, pflanzt und pflegst Blumen, Sträucher, Hecken und Bäume. Du säst, mähst und gräbst den Rasen um. Du jätest Unkraut und bekämpfst Schädlinge. Du steckst eine Menge Zeit und Fleiß in deinen Garten, damit dieser schön und einladend aussieht.

Denn schließlich möchtest du Zeit an diesem Ort verbringen. Es soll ein Ort sein, an dem du entspannen und zur Ruhe kommen kannst. Doch eines darfst du nicht vergessen. Nämlich deinen Garten auch zu umzäunen. Dein Garten muss vor Eindringlingen geschützt werden. Es darf nicht sein, dass jede wildfremde Person Zugang zu deinem Garten erhält. Denn du kennst diese Personen nicht. Wer weiß, was sie in deinem Garten anstellen würden. Daher lädst du nur gezielt Menschen in deinen Garten ein. Menschen, von denen du überzeugt bist, dass sie deinen Garten respektvoll behandeln werden. Menschen die ebenfalls eine schöne Zeit mit dir in diesem Garten verbringen möchten. Es ist dein Garten, es ist dein Reich und du setzt die Regeln für deinen Garten fest. Außer dir hat an diesem Ort niemand etwas zu entscheiden. Die Menschen sind herzlichst dazu eingeladen, mit dir in deinem Garten Zeit zu verbringen. Doch wenn du feststellst, dass sich jemand gegen deine Regeln verhält, wenn z. B. Menschen deinen Garten respektlos behandeln, wenn sie das angelegte Beet ruinieren, ihren Müll wahllos auf deinem Rasen hinterlassen und sie dir abfällig in die Hecke urinieren. Dann ergreifst du selbstverständlich harte Maßnahmen. Diese Menschen werden aus deinem Garten geschmissen. Denn sie verhalten sich gegen deine Regeln. Sie missachten dein Reich. Sie schätzen nicht die Zeit und Arbeit, die du für deinen Garten aufbringst. Menschen, die deinen Garten zerstören, duldest du nicht.

2. Wähle den Samen

Wenn die Metaphorik des Gartens für den Blick auf das eigene Leben übertragen wurde, dann stellt sich nun die Frage, wie denn ein schöner Garten zu erschaffen ist.

„Du erntest, was du säst". In unserem Garten befindet sich zum jetzigen Zeitpunkt nichts. Jedoch möchten wir schöne Blumen und Sträucher zum Wachsen bringen. Also müssen wir hierfür zunächst klar definieren, welche Blumen und Sträucher wir in unserem Garten haben möchten. Da wir nämlich nur dann die richtigen Samen auch säen können. Was bedeutet das konkret?

Die Blumen und Sträucher stehen sinnbildlich für die Ziele in unserem Leben.
Die wenigsten Menschen haben klar definierte Ziele. Sie bewegen sich orientierungslos durch das Leben. An dieser Stelle sei angemerkt, dass Träume keine Ziele sind. Denn diese haben die meisten Menschen. Träume sind schwach und energielos, sie sind lediglich eine gebündelte Implikation von Konjunktiven:

„hätte", „könnte", „würde" etc. …

Kein Mensch jagt und verfolgt ernsthaft einen Traum. Selbst Martin Luther King hat dies wohl nicht getan, daher hätte er lieber „I have a goal" sagen sollen. Was wir brauchen, sind ganz klar definierte Ziele. Wenn jemand beispielsweise sagt:

„Ich würde gerne Menschen helfen",

dann ist das in den meisten Fällen nichts weiter als seichtes Gerede. Da es nur ein Traum ist und keine Power hat. Es ist nichts, aus dem sich konkrete Maßnahmen ergeben. Nichts, für dessen Eintritt eine schrittweise Abarbeitung erfolgen kann. Wenn uns jedoch jemand mit den Worten entgegnet:

„Ich habe vor Kinderarzt zu werden",

dann kommt das stark daher, denn es ist ein klar definiertes Ziel. Eine konkrete Blume, die ausgewählt wurde, und dessen Samen nun gesät werden kann. Denn ohne die Auswahl der richtigen Samen kann keine gezielte Blume in unserem Garten heranwachsen. Ein Samen ist der Ursprung jeder Blume und symbolisiert in unserem metaphorischen Garten den Weg zum Ziel. Erst nachdem ein klares Ziel definiert wurde, kann ein Weg in dessen Richtung beschritten werden. Ein Weg, den ich auf Grund meines Ziels klar sehen kann, der sich mit der Zeit und ständiger „Pflege" zu einem Pfad entwickelt und zur Blume heranwächst. Wenn jemand sagt:

„Ich möchte Millionär werden",

dann ist das kein Ziel, sondern wieder nur ein Traum und somit törichtes Geschwätz. Es ist nichts, aus dem sich klare Aufgaben und Teilschritte ableiten lassen. Wenn jedoch hingegen gesagt wird:

„Ich möchte einen Online-Shop aufbauen, über den ich Produkte verkaufe und eine Million Euro Umsatz generiere im Jahr",

dann mag das vielleicht für Kleindenker träumerisch klingen, jedoch ist es dennoch ein definiertes Ziel. Die Aussage ist kraftvoll und eingrenzend. Sie ermöglicht, in dessen Richtung zu blicken. Sie erlaubt es, die richtigen Samen wählen zu können. Die Ableitung vieler kleiner Teilschritte ist gegeben.

Habe ich ein Produkt? Wenn nicht, dann brauche ich eins. Kann ich selbstständig einen Online-Shop einrichten? Falls nicht, dann muss ich es entweder lernen oder die Kenntnis einkaufen. Bin ich dazu in der Lage, ein Marketingkonzept für meinen Shop zu erstellen? Wenn nein, dann brauche ich externe Hilfe …

Klar definierte Ziele werfen klar definierte Fragen auf. Die Antworten auf diese Fragen fügen sich zu einem Weg zusammen und dieser ist der Samen, der Ursprung jeder Blume.

3. Der richtige Boden

Nachdem die Samen ausgewählt wurden, brauchen wir nun auch den richtigen Boden. Denn ohne die entsprechende vorherige Bodenbearbeitung können die Samen nicht keimen. Der richtige Boden stellt die Grundlage dar, der das Heranwachsen der Blume erst ermöglicht. Verborgen vor unseren Augen, laufen unter der Bodenoberfläche komplexe Vorgänge ab. Der Boden ist für die Aufnahme von Wasser und Nährstoffen verantwortlich. Daher bestimmt auch die Qualität des Bodens den späteren Wuchs der Pflanze. Denn ist der Boden übersäuert, nährstoffarm oder überdüngt, so wird die Pflanze nicht gut gedeihen. Ein guter Boden ist entscheidend, da im Boden die Pflanze sich mit ihren Wurzeln verankert. Wie erschaffen wir also einen fruchtbaren Boden? Einen Boden, der das Heranwachsen unserer Blumen gewährleistet?

Der Boden symbolisiert unseren Geist. Wir können noch so herausragende Ziele definieren, doch ohne die richtige Geisteshaltung werden wir sie kaum erreichen. Den Geist zu einem fruchtbaren Boden zu schaffen, ist eine nie endende Aufgabe. Denn unser Geist ist nicht statisch, sondern dynamisch. Aus einem ungesunden Geist kann jederzeit ein fruchtbarer geschaffen werden und genauso auch umgekehrt. Daher ist es nicht ausreichend, nur zu verstehen, was einem fruchtbaren Geist zugrunde liegt, es muss auch umgesetzt und ein Leben lang aufrechterhalten werden. Ein fruchtbarer Geisteszustand entsteht durch die Einhaltung der folgenden sieben Werte:

Ehrlichkeit – Integrität – Kompromisslosigkeit-Unberührtheit – Unbedürftigkeit – Stärke – Geduld

Es muss verstanden werden, dass diese sieben Werte in einer Art Wechselwirkung zueinander stehen. Sie bedingen sich gegenseitig. Die Vernachlässigung eines Wertes hat einen negativen Einfluss der anderen Werte zur Folge. Denn alle Werte sind als Einheit zu betrachten. Sie bilden gemeinsam ein Energiefeld und stellen die Grundhaltung unseres Geistes dar: die tiefste Einheit, die Quelle unseres Denkens und Handelns.

a) Ehrlichkeit

Was bedeutet es, ehrlich zu sein?

Ein ehrlicher Mensch ist ein ehrenhafter Mensch. Er ist nicht nur zu seiner Außenwelt ehrlich, sondern in erster Linie sich selbst gegenüber, da die Ehrlichkeit uns selbst gegenüber erst die Grundlage für eine Ehrlichkeit zur Außenwelt ermöglicht. Die Lüge ist ein absolutes Tabu. Wir lügen niemals, und dabei spielt es keine Rolle, in welcher scheinbar hoffnungslosen Situation wir uns befinden. Für die Lüge gibt es nie einen Grund oder eine Rechtfertigung. Doch ehrlich zu sein bedeutet nicht nur, nicht zu lügen.

Es bedeutet auch, das auszusprechen, was wir denken, und so zu handeln, wie es dem tatsächlichen Willen entspricht. Wenn wir etwas wollen, dann kommunizieren wir es klar nach außen. Wir versuchen nicht, andere zu manipulieren und sie zu Handlungen zu bewegen, die nur uns, doch nicht ihnen nutzen.

Wir schließen keine geheimen Verträge mit Menschen. Was ist ein geheimer Vertrag? Ein geheimer Vertrag ist eine Vereinbarung, von der mein Gegenüber nichts weiß. Wenn wir etwas Bestimmtes nur deshalb tun, weil wir uns erhoffen, dass unser Gegenüber dann auch etwas für uns tun wird, so ist dies ein geheimer Vertrag. Ein solches Verhalten ist nicht ehrlich, sondern unehrenhaft und daher schädlich für unseren Geist. Wenn wir von jemandem etwas wollen, dann albern wir nicht rum. Wir sind offen und ehrlich. Wir lassen unser Gegenüber direkt und klar wissen, worum es uns eigentlich geht und was wir wollen. Wir brauchen kein Interesse vorgaukeln und Aufmerksamkeit vortäuschen, um dann anschließend scheinbar sanft unseren Willen dieser Person unterzujubeln. Das ist ein unehrenhaftes und den Geist schädigendes Verhalten. Was wir wollen, das wird geradewegs kommuniziert. Denn entweder bekommen wir von einer Person, was wir wollen, oder eben nicht. Wenn wir es nicht bekommen, dann ist das für uns auch in Ordnung. Denn wir akzeptieren es, manipulieren nicht, bleiben freundlich, drehen uns um und gehen unseren Weg. Wir bleiben stets ehrlich und ehrenhaft.

b) Integrität

Bist du ein Mensch, auf den sich andere verlassen können? Hältst du dein Wort? Bist du ein integrer Mensch?

Die meisten Menschen da draußen sind unzuverlässig. Sie handeln nicht nach ihren Ankündigungen. Sie geben uns vor, „A" zu tun, handeln dann aber doch nach „B". Mit solch einem Menschen ist nichts anzufangen. Ich kann mich nicht auf ihn verlassen.

Dieser Mensch betrügt sich selbst und mich gleich mit. Vor solchen Menschen ist Abstand zu halten. Daher erweise stets Integrität. Wenn du sagst, du wirst um 7 Uhr da sein, dann sei es auch. Wenn du jemandem versprichst, ihm bei einer Sache zu helfen, dann tu es auch. Werde zu einem Menschen, auf den sich andere verlassen können, indem du immer nach Deinen Ankündigungen handelst. Andernfalls bist du kein ernstzunehmender Mensch. Das wiederum wirkt sich negativ auf unseren Geist aus. Doch nicht nur die Integrität in Richtung unserer Außenwelt ist von Bedeutung, sondern auch jene gegenüber uns selbst.

Wenn du dir etwas zu tun vornimmst, dann erledige es auch. Betrüge dich nicht selbst. Wenn du dir vornimmst, etwas Gewicht zu verlieren, mehr Sport zu machen, deine Ernährung zu verbessern, dich weiterzubilden oder mehr Geld zu verdienen, dann tu das auch. Sei ein Mensch, dem du selbst vertrauen kannst, weil er macht, was er sich vornimmt, und sich selbst nicht enttäuscht. Das ist nämlich wahres Selbstvertrauen und nicht das Vertrauen in die Qualität einer von uns ausgeübten Sache. Integrität stärkt unser Selbstvertrauen. Sodass wir selbst neue Sachen, Dinge, die wir vielleicht noch nicht kennen oder können, mit Selbstvertrauen angehen. Da wir wissen, dass wenn wir uns vornehmen eine Sache zu erlernen, wir dies auch tatsächlich machen. Erweise stets Integrität, sowohl gegenüber deiner Außenwelt als auch dir selbst gegenüber. Integrität schafft fruchtbaren Boden.

c) Kompromisslosigkeit

Was ist ein Kompromiss?

Ein Kompromiss ist eine Lösung, die nur durch beidseitigen Verzicht auf Teile der jeweiligen Forderungen zustande kommt. Wir könnten wohl kaum gesunde zwischenmenschliche Beziehungen aufbauen, wenn wir nicht dazu bereit wären, Kompromisse einzugehen. Daher ist ein Kompromiss erstmal keine schlechte Sache.

Jedoch ist entscheidend, worin der Verzicht im Rahmen des Kompromisses liegt. Wenn unser Partner Liebeskomödien bevorzugt, wir dagegen Actionkomödien und daher gemeinsam beschlossen wird, eine Tragikomödie anzusehen, so ist dies wohl ein vernünftiger Kompromiss. Ein Kompromiss darf jedoch nicht auf Grundlage eines Verzichts auf Prinzipien stattfinden. Ein fruchtbarer Geisteszustand setzt nämlich Prinzipienfestigkeit voraus. Das bedeutet, dass unsere eigenen, von uns festgelegten Prinzipien nicht verhandelbar sind.

Was ist ein Prinzip?

Ein Prinzip bestimmt unser Handeln, da es den obersten Grundsatz darstellt und allem anderen übergeordnet ist. Jedes Handeln und jedes Verhalten haben ihren Ursprung aus einem Prinzip. Selbst wenn jemand dazu bereit ist, auch „unmoralisch" zu handeln, dann entstammt auch dies einem Prinzip. Nämlich einem Prinzip, das unmoralisches Verhalten für diese Person scheinbar legitimiert. Dass ein solches Prinzip aufzulösen ist, das ist wohl selbsterklärend. Gemeint sind Prinzipien, für die du bereit bist, für sie einzustehen. Prinzipien, die deiner Welt ein Wertesystem bieten. Die oberste wegweißende Einheit, die dein Handeln und Verhalten bestimmt.

Wenn du Fast-Food aus gesundheitlichen oder ökologischen Gründen meidest, dann ist dies eines deiner Prinzipien und für keinen Preis verhandelbar.

Wenn es für dich wichtig ist, mehrmals in der Woche zum Sport zu gehen, so ist das ein Prinzip. Dann ist das etwas, dass dich ausmacht und darüber wird nicht verhandelt. Wenn ein Mensch versucht an deinen Prinzipien „herumzuschrauben" oder sie gar zu verdrängen, dann duldest du dies für keinen Preis dieser Welt. Du erweist zu jeder Zeit Prinzipienfestigkeit. Denn wenn es um deine Prinzipien geht, bleibst du kompromisslos. Da du weißt, dass sie dich und deine Welt ausmachen. Da du dir im Klaren darüber bist, deinen Geist zu schädigen, solltest du von deinen Prinzipien absehen.

Schaffe fruchtbaren Boden, indem du niemals über deine Prinzipien verhandelst und kompromisslos bleibst.

d) Unberührtheit

Unberührtheit zu entwickeln ist ein wahrer „Energy-Boost" für deinen Geist. Ein Mensch, der unberührt bleibt, hat bereits vieles verstanden. Die Unberührtheit ist wie der Humus eines fruchtbaren Bodens. Humus schließt die Lücke im Naturkreislauf, denn die Humusschicht bildet die Schnittstelle zwischen allen lebenden Pflanzen und der abgestorbenen, organischen Bodensubstanz. Also was bedeutet es, unberührt zu bleiben? Und von was sollen wir unberührt bleiben?

Um diese Fragen zu beantworten, muss zunächst verstanden werden, was es überhaupt bedeutet, wenn uns etwas berührt.

Jedem sollte der Unterschied zwischen einer körperlichen und nicht körperlichen Berührung klar sein. Wenn ein anderer Mensch seine Hand auf uns legt, so berührt er uns körperlich. Wir können diesen Kontakt am eigenen Körper spüren.

Doch was passiert, wenn eine Person uns durch dessen Worte, Verhalten oder Handlung emotional berührt?

Wenn ein Mensch uns beleidigt, enttäuscht, vernachlässigt, belügt oder betrügt, was spüren wir dann?

Können wir ein solches Verhalten etwa nicht auch körperlich spüren? Genauso wie die Hand, die auf uns gelegt wird?

Doch, denn wir können selbst die Worte eines Menschen, die aus 3000 Kilometern Entfernung über eine WhatsApp-Nachricht zu uns gelangen, sehr wohl auch körperlich spüren. Es kann sich innerhalb eines Wimpernschlags ein kalter und stummer Schmerz mitten im Bauch ausbreiten. Daher ist der für Menschen bekannte Unterschied zwischen einer körperlichen und nicht körperlichen Berührung doch eben nur ein vermeintlicher.

Das uns gewisse Dinge emotional berühren, ist völlig normal. Denn schließlich sind wir emotionale Wesen. Wir sind aus Fleisch und Blut und haben Gefühle. Diese können wir mal stärker und mal schwächer spüren. Zu versuchen, Emotionen zu unterdrücken oder zu ignorieren, ist nicht ratsam. Denn eine Emotion ist eine unglaublich starke Energie, gegen die wir keinen Widerstand leisten können. Ihre Kraft wird unseren inneren Staudamm durchbrechen, welchen wir mit dem Versuch, ein Gefühl zu unterdrücken, aufbauen. Sollte unser Staudamm aber doch stärker sein als gedacht und dem permanenten Druck standhalten, so haben wir nichts gewonnen, sondern erst recht verloren. Denn Energie muss stets fließen, sie kann sich nicht einfach im Nichts auflösen. Also wird sie sich einen anderen Weg suchen, um durchzudringen. Dies kann sich dann entweder durch die körperliche oder psychische Schädigung unseres Zustands bemerkbar machen oder darin, dass wir die geballte

Energie wieder voller Kraft in unsere Außenwelt zurückdonnern, was zur Folge hat, dass wir wiederum andere Menschen beleidigen, belügen, betrügen etc. …

Wir sollten also nicht versuchen Emotionen zu unterdrücken. Jedoch können wir unsere Sichtweise auf die Dinge ändern. Was dazu führt, dass wir erlernen, die Energie geschmeidig durch uns hindurch fließen zu lassen. Wir lernen die Energie der Emotion zu schätzen, wir akzeptieren und respektieren sie. Wir versuchen sie weder aufzuhalten, noch lassen wir sie Kontrolle über uns erlangen. Wir lassen sie einfach nur fließen.

Wie machen wir das?

Eine Sache berührt uns dann, wenn das von der Außenwelt Wahrgenommene, konträr zu dem ist, was unsere innere Welt erwartet. Wenn ich die Erwartung habe, eine Person sei ein netter Zeitgenosse und würde mich freundlich und aufrichtig behandeln Und ich mich mit dieser Person an einen gemeinsamen Tisch begebe, um dann im Laufe der Unterhaltung festzustellen, von dieser Person beleidigend und unverschämt behandelt zu werden, widerspricht dieses Verhalten meinen Erwartungen. Das von der Außenwelt Aufgenommene ist in diesem Moment konträr zu den Erwartungen meiner inneren Welt.

Die Kunst liegt darin, von nichts und niemandem etwas zu erwarten, außer von uns selbst.

Du kannst deine Außenwelt nicht kontrollieren. Dinge, die geschehen, Worte die gesagt und Handlungen, die vorgenommen werden, kannst du nicht kontrollieren. Wenn dies verstanden wird, dann wirkt eine bestimmte Erwartungshaltung schon beinahe verrückt.

Erwarte rein gar nichts von deiner Außenwelt, nimm sie lediglich wahr und akzeptiere sie als das, was sie ist. Jedoch bedeutet es nicht, dass ein Ereignis oder ein Mensch dich nicht auch positiv überraschen und begeistern könnte. Du nimmst dies dann wahr, erfreust dich daran und genießt den Augenblick, aber verfällst nicht in die Illusion, dies sei der Maßstab für jegliches zukünftiges Handeln eines Menschen. Von einem Menschen, der dir bereits einmal geholfen hat, erwartest du nicht, dass er dies auch wieder tun wird. Sollte er es doch tun, dann ist dies schön, doch hilft er uns nicht erneut, so bleiben wir davon unberührt.

Ein Mensch, der erlernt unberührt zu sein, wird eine unglaubliche Freiheit erlangen. Denn nichts und niemand kann ihn enttäuschen oder verletzen. Er gleitet sanft und voller Ästhetik durch das Leben. Er hat begriffen, wie absurd enttäuschte Erwartungen sind. Da er verstanden hat, keine Kontrolle über die Außenwelt zu besitzen, fließt die Energie stets durch ihn hindurch und macht hin und wieder halt, um sich am Glück zu erfreuen, jedoch ohne dabei in die Illusion der Erwartung zu verfallen.

Lerne Unberührtheit, schaffe dadurch einen unfassbar fruchtbaren Boden und schenke deinem Geist die Freiheit, die ihm zusteht.

e) Unbedürftigkeit

Nach deutschem Familienrecht ist eine bedürftige Person eine Person, die nicht oder nicht ausreichend in der Lage ist, um aus eigener Kraft für ihren Unterhalt zu sorgen. Diese Art der Bedürftigkeit stellt auf einen wirtschaftlichen Zustand ab. Eine andere Form der Bedürftigkeit ist die des Geistes.

Ein Geisteszustand, dem die Bedürftigkeit innewohnt. Das sind Menschen, die ihr Glück und ihre Zufriedenheit in ihrer Außenwelt suchen. Menschen, die von anderen Menschen oder dem Eintritt bestimmter Situationen scheinbar abhängig sind. Sie kommunizieren mit ihrem Verhalten und den Worten, die sie sagen:

„Ich brauche dich".

Bedürftigkeit ist wie eine Hand, die sich aus dem Boden rausbohrt, den Stengel der wachsenden Pflanze kräftig packt und wieder unter die Erdoberfläche zieht.

Ein abhängiger Geist kann kein fruchtbarer sein. Denn dieser ist nicht zufrieden mit dem, was andere Menschen oder eine bestimmte Situation ihm zu bieten haben. Nicht zufrieden zu sein, es zu akzeptieren und dann seinen Weg weitergehen, ist in Ordnung. Jedoch haben diese Menschen nicht die Kraft dazu, den Dingen ihren Rücken zuzukehren. Wenn sie das Gewollte nicht bekommen, können sie es nicht akzeptieren und ihr Geist fängt laut an, „ich brauche dich" zu schreien.

Sie verfallen dadurch direkt in zwei miteinander einhergehende Illusionen. Zum einen glauben sie, selbst nicht genug Kraft oder ausreichend eigene Mittel zu verfügen, um den Willen zu stillen. Zum anderen glauben sie, jenen Willen um jeden Preis befriedigen zu müssen. Diese Annahmen unterwandern den Geist mit Panik. Wir werden abhängig von unserer Außenwelt, wie ein Taucher von der Sauerstoffzufuhr. Wenn wir dann plötzlich nicht bekommen, was wir wollen, wie beispielsweise die Zuneigung oder Aufmerksamkeit eines bestimmten Menschen, löst das Unzufriedenheit aus und wir fangen an zu schnappen, wie ein Taucher der unter 15 Metern Tiefe plötzlich bemerkt, Probleme mit der Sauerstoffzufuhr zu haben. Innerhalb eines Augenblicks wird jede Zelle unseres Körpers mit einer rostig schmeckenden Panik überdeckt. Wir werden mit unseren tiefsten Ängsten aus unangenehmer Nähe konfrontiert, werden hysterisch und wollen um jeden Preis den Eintritt des scheinbar bevorstehenden Endes verhindern.

Ein solches bedürftiges Verhalten wird jedoch immer das Gegenteil von dem bewirken, was wir eigentlich wollen. Wir werden uns mit unserer Bedürftigkeit von Menschen und Situationen selbstständig wegdrücken. Eben genauso wie der Taucher, dessen Atemluftzufuhr streikt, der in Panik verfällt, um im vermeintlichen Kampf dem Mangel an Sauerstoff zum Opfer zu fallen. Wenn er sich jedoch von dem Drang nach Sauerstoff nicht verleiten lässt und die Ruhe bewahrt, so wird er auch wieder an die Wasseroberfläche gelangen.

Einen entsprechenden Willen zu besitzen, kann sehr stark sein, doch dabei bedürftig zu wirken, ist wie Vollgas zu geben mit angezogener Handbremse.

Lerne die bedürftige Geisteshaltung abzulegen. Verstehe, dass du von nichts und niemandem abhängig bist. Alles, was dir in deiner Außenwelt widerfährt, kann nur eine Bereicherung sein, doch niemals der Ursprung deines Selbst. Um glücklich, zufrieden, stolz und gelassen zu sein, brauchst du nur dich. Nimm diese Geisteshaltung an und kommuniziere sie auch in deine Außenwelt. Zeige allen Menschen und jeder Situation, dass sie schön sind, du sie genießt und auch zu schätzen weißt, wenn sie da sind, aber du sie nicht brauchst und es völlig in Ordnung für dich ist, wenn sie nicht mit dir sein wollen.

Dies zu verstehen und umzusetzen wird dir eine permanente Sauerstoffzufuhr bieten. Deine Geisteshaltung wird illusionierte Ängste nicht zulassen, Abhängigkeiten lösen, dich vor sinnlosem Verhalten bewahren und dir eine tiefe Gelassenheit schenken.

f) Stärke

Viele Menschen wissen noch nicht einmal, was Stärke wirklich bedeutet und wie sie aussieht. Sie glauben nämlich nur, es zu wissen. Es herrscht die Vorstellung, dass Stärke etwas Kraftvolles sei. Eine Fähigkeit, die es uns erlauben würde, vorzupreschen und in eine Richtung Druck ausüben zu können. Das ist auch nicht verkehrt. Jedoch ist es nur die Spitze des Eisbergs.

Betrachten wir einen menschlichen Muskel, so stellen wir fest, dass dessen Kraft, also die Stärke des Muskels, sich in verschiedene Kraftarten unterteilen lässt. Zunächst gibt es die Maximalkraft, also die höchstmögliche Kraft, die gegen einen unüberwindlichen Widerstand aufgebracht wird, wie beispielsweise das maximale Gewicht, das beim Bankdrücken einmal gedrückt wird.

Als zweites haben wir die Schnellkraft, die Fähigkeit des Muskels innerhalb einer zur Verfügung stehenden Zeit einen möglichst großen Impuls zu erzeugen. Hier kann als Beispiel die Schlagschnelligkeit eines Boxers herangezogen werden.

Die dritte Kraftart ist die Kraftausdauer, die sogenannte Ermüdungswiderstandsfähigkeit. Die Kraftausdauer ist noch einmal in die dynamische und statische Kraftausdauer zu unterteilen. Die dynamische Kraftausdauer ist die Fähigkeit, die Verringerung der Wiederholungszahl von Kraftstößen innerhalb eines bestimmten Zeitraums, so gering wie möglich zu halten. Hier wäre die Kondition eines Marathonläufers beispielhaft.

Die statische Kraftausdauer ist die Fähigkeit, einen bestimmten Kraftwert über eine bestimmte Anspannungszeit ohne Spannungsverlust zu halten, wie z.B. ein Kunstturner am Reck.

Wie wir sehen können, gibt es verschiedene Formen der Kraft, die auch unterschiedlichen Leistungsformen dienen. In diesem Zusammenhang ist es wichtig, auch die Funktion des Schmerzes zu verstehen . Denn fängt ein Muskel an zu versagen, also in einer bestimmten Kraftart an die Grenzen zu kommen, so fangen wir an, einen körperlichen Schmerz zu spüren.

Jedoch können Muskeln in allen Kraftarten dahingehend trainiert werden, dass die Grenze des Versagens weiter nach hinten gezogen wird und dadurch der Muskel kraftvoller, schneller oder länger arbeiten kann.
Allerdings lässt sich im Rahmen des Trainings eine Sache nicht vermeiden. Nämlich die dauerhafte Empfindung des muskulären Schmerzes. Denn möchten wir die Grenzen erweitern, so müssen wir uns durch den Schmerz begeben.

Doch nach einer gewissen Zeit werden wir eine Verbesserung der Muskelkraft bemerken. Wenn der Muskel vorher beim Drücken von 50 Kg am absoluten Schmerzpunkt war und versagt ist, so wird er nun bei einem Gewicht von 60 Kg erst versagen.

Wenn wir vorher für einen Schlag eine ganze Sekunde lang benötigten, so werden wir jetzt nur noch eine halbe Sekunde brauchen.

War es uns vorher nicht möglich 30 Minuten lang zu Laufen, so laufen wir nun bereits ganze 50 Minuten lang.

Doch der entscheidende Faktor zu Verbesserung der Leistung ist nun mal der Schmerz. Möchte ich meine Grenzen erweitern, so muss ich auch im Grenzbereich trainieren und versuchen, über die Grenzen hinauszukommen. Das bedeutet aber auch, sollte ich aufhören zu trainieren, so werden die Grenzbereiche nach und nach wieder zurückfallen. Daher gilt im Leistungssport der Grundsatz:

„Wer aufhört besser zu werden, hat aufgehört gut zu sein".

Es wird Zeit zu begreifen, was ein starker Geist nun wirklich ist. Du solltest anfangen zu verstehen, dass auch unsere innere Stärke genauso wie ein Muskel zu betrachten ist. Die Stärke des Geistes lässt sich ebenfalls in dieselben oben aufgeführten Kraftarten unterteilen. Die Maximalkraft des Geistes spiegelt den höchstmöglichen psychischen Druck oder Schmerz, den wir zu einem Zeitpunkt aushalten können, wider.

Wenn z. B. eine Person zur selben Zeit die Scheidung seiner Ehe und den Verlust seiner Firma zu ertragen hat, dieses jedoch ohne weiteres wegsteckt, so dass ihm der Verlust nicht einmal anzusehen ist, dann besitzt der Geist dieser Person eine sehr hohe **Maximalkraft**. Denn selbst eine sehr hohe und intensive Belastung lassen diesen Menschen nicht einknicken, sondern seine Geisteshaltung aufrechterhalten.

Wenn hingegen eine Person vom ersten Arbeitstag seines neuen Jobs oder einer Klausursituation während des Studiums erschüttert wird, dem Druck nicht standhält und in sich einsackt, so ist dessen geistige Maximalkraft sehr gering. Da dieser mit bereits leichten Intensitäten nicht zurechtkommt.

Die **Schnellkraft** unseres Geistes ist die Fähigkeit, auf eine bestimmte Belastungshöhe innerhalb eines bestimmten Zeitraums reagieren zu können. Wenn eine Person nach einem einfachen Auffahrunfall paralysiert ist, daraufhin für einige Tage sehr in sich gekehrt wirkt und erst verzögert wieder zu sich findet, so ist dessen geistige Schnellkraft sehr niedrig. Denn selbst eine kleinere Belastung hat den Geisteszustand dieser Person für einen längeren Zeitraum vernebelt.

Wenn hingegen jemand unerwartet erfährt, von seinem geliebten Job gekündigt zu werden, daraufhin nur für einen kurzen Moment überrascht wirkt, dann aber keine Zeit verliert, um seine möglichen Optionen zu durchdenken und bereits nach vorne blicken kann, so besitzt diese Person eine hohe Schnellkraft des Geistes.

Die **Kraftausdauer** des Geistes ist die Fähigkeit, der Belastung innerhalb eines Zeitraums ohne Ermüdung Widerstand leisten zu können. Jedoch ist auch die

Kraftausdauer des Geistes in die dynamische und statische Kraftausdauer zu unterteilen. Diese Unterteilung ist essenziell, um die wahre Bedeutung der **Disziplin** zu verstehen. Wenn ich mir vornehme, etwas Bestimmtes umzusetzen, z. B. die Gründung einer Firma, das Halten einer Diät, den Aufbau von Muskulatur, das Absolvieren eines Studiums etc.,

dann ist es für deren Umsetzung notwendig, die Verringerung der Wiederholungszahl bestimmter Kraftakte, wie z.B. eine To-do-Liste abarbeiten, sich an einen Ernährungsplan halten, Krafttraining zu betreiben oder zu lernen, innerhalb eines bestimmten Zeitraums so gering wie möglich zu halten. Das bedeutet im Umkehrschluss, die Wiederholung der Kraftakte so hoch wie möglich zu halten, also das sogenannte **„diszipliniert sein".**

Jedoch beschreibt das Wort Disziplin nur eine unklare Eigenschaft. Dieses Wort besitzt keinerlei Tiefe, kennt die Unterscheidung zwischen dynamisch und statisch nicht und daher sind Aussagen wie **„sei diszipliniert"** ad acta zu legen.

Wenn also jemand seine To-do-Liste innerhalb eines Tages abarbeitet, so hat dieser eine höhere geistige dynamische Kraftausdauer im Vergleich zu jemandem, der dieselbe Liste unter denselben Umständen erst innerhalb von 4 Tagen abarbeitet.

Die statische Kraftausdauer des Geistes hingegen zeigt, wie lange einem bestimmten Druck standgehalten werden kann. Betrachten wir noch einmal die Person, welche die

Scheidung und den Verlust seiner Firma zu ertragen hatte, so konnte die Person hinsichtlich der Maximalkraft der hohen Intensität standhalten und ist nicht in sich eingesackt. Jedoch ist nun die Frage, wie lange dieser Belastung ohne einen Verlust des Geisteszustands standgehalten wird?

Hält die Person diese hohe Anspannung nur ein paar Tage aus und sackt schließlich doch in sich ein?

Oder besitzt sie ausreichend geistige statische Kraftausdauer und kann dem Druck solange standhalten, bis dieser anfängt nachzulassen?

Wird die vorangegangene Differenzierung der Kraftarten verstanden, so wird auf einer tiefgründigen Ebene begriffen, was vergebens versucht wird zu erklären, wenn Wörter wie Disziplin, Willenskraft, Beständigkeit, Belastbarkeit etc. … benutzt werden.

Unser Geist ist wie ein Muskel zu betrachten und diesen können wir eben genauso auch trainieren. Nicht anders als im Training eines Muskels bedarf es für die Weiterentwicklung der geistigen Kraft die **Durchdringung des Schmerzes**. Der Schmerz ist die bittere Frucht, aus dessen Kern der süße Nektar fließt.

Fang an, jede leidvolle, schmerzhafte oder belastende Situation nicht als etwas Negatives zu sehen, sondern begreife sie als Training deines Geistes.

Egal wie schmerzhaft oder anstrengend die Trainingseinheit eines Profisportlers sein mag, er würde sie niemals verabscheuen. Da er ganz genau weiß, dass dieser Schmerz ihn stärker macht und weiterbringt, empfindet er **Respekt und Hochachtung vor dem Schmerz.**

Erkenne den Schmerz als deinen natürlichen Begleiter. Freunde dich ihm an, denn er will dir nur das Beste. Seine einzige Aufgabe ist es, dich zu stärken.
Lebe den Schmerz und werde stark. Doch denke auch daran, dass die Kraft deines Geistes, wie die des Muskels, bei weniger werdender Belastung rückgängig ist.

g) Geduld

„Sei geduldig" heißt es nicht allzu selten. Ein gut gemeinter Ratschlag, den wir meist verstehen, aber dann irgendwie auch nicht. Wenn wir versuchen geduldig zu sein, dann fühlt es sich so an, als würden wir uns dazu zwingen, solange wie möglich eine leere Wand anzusehen. Während neben der Wand an einem Fernseher das Finale der Fußball-Weltmeisterschaft läuft ...

Jemandem zu empfehlen „geduldig zu sein", ist genauso sinnvoll, wie einem Übergewichtigen „dünn sein" zu raten. Denn Geduld ist nichts, das per Knopfdruck ein- und ausgeschalten wird. Die Geduld ist vielmehr ein Resultat, das eintritt, wenn die vorangegangen Werte verstanden und gelebt werden. Die wahre Geduld ist ein Geisteszustand und ist nicht auf das geduldig sein innerhalb einer bestimmten Situation begrenzt. Denn das letztere ist eine künstliche Geduld. Eine Art Zwang zum

Nichts. Die vermeintliche Geduld fühlt sich hierbei an wie ein Kampf. Jedoch ist die wahre und tiefgründige Geduld, die wir erst durch die vorangegangene Werte entwickeln, pure Freiheit.

Die künstliche Geduld versucht etwas Bestimmtes zu ertragen, die wahre Geduld jedoch, alles zu akzeptieren. Wenn du die wahre Geduld erfahren möchtest, dann erschaffe dir einen fruchtbaren Boden. Das Leben der vorherigen Werte wird dir Zugang zu einem neuen Geisteszustand schaffen, nämlich dem der Geduld. Die Geduld ist kein Wert, sondern ein Resultat.

4. Den Rasen mähen

Niemand möchte in einem Garten entspannen, dessen Rasen nicht gemäht wurde. Denn irgendwann fängt die Wiese an zu verstrauchen und auf Dauer wäre der Garten nicht einmal mehr erkennbar. Daher ist der Rasen regelmäßig zu mähen. Zum einen wegen des Wohlgefühls und zum anderen, um den Garten zu erhalten und nicht verbuschen zu lassen.

Der Rasen in unserem Garten symbolisiert den Körper. Der Körper ist zwar eng verbunden mit dem Geist, jedoch ist er ihm untergeordnet. Der Körper kann ohne den Geist nicht funktionieren. Der Geist ohne den Körper hingegen schon. Bei der Geburt wird nur der menschliche Körper geschaffen, jedoch nicht der Geist. Unser Geist ist kein Organ, sowie Hirn, Herz oder Haut. Es ist etwas, das frei ist von Raum und Zeit. Eine nicht greifbare Energie, die bereits lange vor der Geburt existierte. Unser Körper ist wie eine Maschine, die vom Geist genutzt wird.
Wir sind unser Geist, jedoch nicht unser Körper, dieser wird nur vorübergehend genutzt. Wir sind weder unsere Hände, Augen, Mund und Ohren, noch sind wir unsere Gedanken. Denn diese sind alle organisch. Wir sind nicht das, was wir anfassen, sehen, sagen, hören oder denken. Wir sind aber das, was andere spüren und empfinden, wenn sie uns anfassen, sehen, hören oder an uns denken. Denn wir sind lediglich unser Geisteszustand und dieser wird von unserer Außenwelt wahrgenommen. Umgekehrt

können auch wir den Geisteszustand anderer Menschen wahrnehmen.

Du wirst mit der Zeit bemerken, dass du umso klarer und schneller den Geisteszustand anderer wahrnehmen kannst , je wachsamer dein Geist wird.

Da der Geist Platz im Körper einnimmt, kann der Körper Auskunft über den Geisteszustand geben und auch den Geist zum positiven oder negativen beeinflussen. Wir nehmen die „Ausstrahlung" eines Menschen, also dessen Geisteszustand unmittelbar wahr.

Den Geist eines Drogenabhängigen nehmen wir anders wahr als den eines Leistungssportlers. Die Augen besitzen unterschiedliche Leuchtkraft, die Körperhaltung ist eine andere und das Gedachte und Gesagte unterscheidet sich. Wenn wir einen wachen Geisteszustand erlangen, dann wird es uns innerhalb eines Augenblicks möglich sein zu erkennen, ob ein Mensch dabei ist, seinen Geist zu fördern oder zu schädigen.

Doch wie können wir nun unseren Rasen mähen und den Geist mit Hilfe des Körpers positiv beeinflussen?

Alles, was unserem Körper wiederfährt, wirkt sich auf unseren Geist aus. Ludwig Feuerbach, ein deutscher Philosoph, sagte im Jahr 1850: „Der Mensch ist, was er isst". Denn die Ernährung eines Menschen kann dessen Geist vernebeln oder zur Klarheit verhelfen. Essen wir dauerhaft in voller Fülle, fettreich, zuckerhaltig, vitamin- und mineralienarm, so werden wir uns träge und müde fühlen.

Unsere Nahrung ist das zentrale Element, das sowohl auf unser Wohlempfinden als auch auf das Leistungsniveau immensen Einfluss hat. Der Körper ist eine hochkomplexe Maschine, die einer bestimmten Verschleißzeit unterliegt. Sollte es während des „Produktionsprozesses" zu keinen Fehlern gekommen sein, so darf der Geist in einer „neuwertigen Maschine" mit fehlerfreien Funktionen platznehmen.

Der Motor unserer Maschine, das menschliche Herz schlägt bis zu 100.000-mal am Tag und pumpt das Blut durch den gesamten Körper, während das Gehirn mit dessen etwa 100 Milliarden Nervenzellen das Cockpit darstellt, aus dem Befehle gegeben und Reize verarbeitet werden. Hinzu kommt die menschliche Hand, wohl das komplexeste Werkzeug, dessen Flexibilität und Stärke als auch Geschicklichkeit und Feinmotorik einmalig und in unserer Welt unübertroffen sind.

Die Maschine „Körper" ist intakt, abgestimmt und voll einsatzbereit, wie ein Porsche 919, der mit über 300 km/h über den rauen Asphalt der Nordschleife vorbeischießt, entlang der Fuchsröhre und nur eine Armbreite entfernt an der Leitplanke, als gäbe es kein Morgen …

Inbegriff der Ingenieurskunst, geschaffen von höherer Kraft, in Leistung und Komplexität nicht übertreffbar. Doch so ein Rennwagen bedarf einer bestimmten Art von Nutzung, Pflege und Wartung. Es braucht ausschließlich das qualitativ beste Motoröl und den leistungsfähigsten Kraftstoff. Der Motor muss sowohl warm als auch kaltgefahren werden. Eine regelmäßige Wartung aller Einzelteile im Wagen ist unerlässlich.

Wenn ich anfange, in diesen Rennwagen Frittieröl zu kippen, den Motor nicht mehr warmfahre und Diesel statt Benzin als Treibstoff nutze, was wird dann passieren? Nach einer gewissen Zeit werden zunächst die Schläuche verstopfen. Dann werden die Einspritzdüsen verkleben, die Leistung der Kraftstoffpumpe wird nachlassen und immer weitere einzelne Komponenten werden ausfallen. Bis es letztlich zum Motorschaden kommt.

Die menschliche Maschine, der „Körper" muss gleichermaßen gepflegt und gewartet werden. Doch was wird stattdessen gemacht?

Fast Food, bestehend aus einer großen Menge von Transfetten und Zucker. Fertigprodukte, bei denen nicht einmal gewiss ist, ob Schweine- oder Pferdefleisch verarbeitet wurde. Schnell ein Donut hier und eine Pizza da. Zur Krönung dieser narrenhaften und wenig nahrhaften Ernährung wird das Ganze mit literweise Bier, Wein oder Wodka an den Wochenenden runtergespült. Ein solcher Lebensstil ist schlicht und ergreifend respektlos dem Körper gegenüber. Genauso respektlos wie das Befüllen des Porsches mit Frittieröl.

Ohne die richtigen Komponenten in unserer Ernährung können wir nicht die Leistungen abrufen, zu denen wir eigentlich fähig wären. Dies gilt sowohl für körperliche als auch für kognitive Leistungen. Doch neben der sinkenden körperlichen und kognitiven Leistungsfähigkeit wirkt sich eine unausgewogene Ernährung vernebelnd auf den Geist aus.

Eine mangelhafte Ernährungsweise wird dem Körper Energie entziehen. Denn die zugenommene Nahrung ist schwer verdaubar und belastet nicht nur den Verdauungstrakt, sondern den gesamten Organismus. Völlegefühl, Abgeschlagenheit, erhöhter Körperfettanteil, Antriebslosigkeit und Hungerattacken sind die Folgen. Doch der entscheidende Punkt liegt darin, dass nicht diese Dinge, die das Resultat einer schlechten Ernährungsweise darstellen, von großer Bedeutung sind.

Sondern darin zu verstehen, dass die schlechte Ernährungsweise eine Folge des ungeformten Geistes ist, die aber auch gleichzeitig die Entfaltung des Geistes verhindert. Wie ein Gefangener, der sich selbst seinen Kerker gebaut hat und jetzt aus diesem nicht mehr herauskommt.

Den einzigen Weg zur Freiheit kennt jedoch auch nur er, da niemand seinen Kerker besser kennt. Aus diesem Grund ist es oftmals nicht ausreichend, einen Übergewichtigen zum Abnehmen dadurch zu motivieren, dass die positiven gesundheitlichen bzw. körperlichen Aspekte aufgezeigt werden. Denn der Geisteszustand einer solchen Person ist kaum aufnahmefähig für Argumente, die zur Förderung des Körpers beitragen. Dies wäre genauso sinnvoll wie einer Sozialhilfe beziehenden Person dadurch helfen zu wollen, dass ihr die Vorteile eines bestimmten Investment-Portfolios aufgezeigt werden …

Ja, es muss ein Einkommen erzeugt werden, um der Person helfen zu können, und ja, ein entsprechendes Investment kann weitere Einkünfte erzeugen. Jedoch setzen derartige Investitionen Geld voraus. Ist dies nicht vorhanden, so besteht keine Empfänglichkeit für derartige Informationen. Entsprechend ist es mit den Argumenten, die zum Abnehmen motivieren sollen. Denn auf reine Worte, also Argumente und Vorteile, die aufgezeigt werden, unmittelbar zu reagieren, setzt einen durchaus klaren Geisteszustand voraus oder zumindest einen Geist, der in Richtung Förderungen des Selbst bereits blickt.

Dann nämlich wären die Argumente und Vorteile, die aufgezeigt werden, lediglich Informationen, die dieser Person zuvor nicht bekannt waren. Glaubst du ernsthaft, dass eine übergewichtige Person etwa nicht weiß, dass dessen Lebensstil schädlich ist?

Es ist auch nicht so, dass ein Raucher das Bild des amputierten Beins beim Kauf der Zigarettenschachtel übersehen hat und wir ihn jetzt darauf hinweisen müssten. Raucher wissen schon ganz gut selbst um die Vor- und Nachteile einer Zigarette. Genauso wissen Übergewichtige um die Vor- und Nachteile einer miserablen Ernährungsweise. Es ist lediglich so, dass der Geist dieser Personen vernebelt ist.

Der Rasen wurde schon viel zu lange nicht mehr gemäht. Schon so lange nicht mehr, dass der zu anfangs verstrauchte Garten nun zu einem Wald herangewachsen ist. Ein Rasenmäher ist hier definitiv das falsche Werkzeug. Aus einem Wald wieder einen schönen Garten zu schaffen, ist keine leichte Aufgabe und wird nicht stets gelingen.

Manche Menschen erleben etwas Prägendes, ändern daraufhin ihren Lebensstil schlagartig und berichten dann vom sogenannten „Klick", den es gemacht hat. Dies kann dem Geist auf natürlichem Wege wieder Klarheit verschaffen. So wie ein Waldbrand, der eben auch die Fruchtbarkeit des Bodens fördern kann.

Ernähre dich ausgewogen und treibe Sport. Halte den Körper in Form und verschaffe dadurch deinem Geist Klarheit. Der Rasen sollte regelmäßig gemäht werden, um das Erscheinungsbild des Gartens aufrecht zu erhalten. Denn haben wir unseren Garten erst einmal zu einem Wald verkommen lassen, so braucht es verdammt viel Arbeit, um aus diesem wieder einen schönen Garten zu schaffen und in manchen Fällen benötigen wir dann sogar einen Waldbrand.

5. Unkraut jäten

Als Unkraut wird jene Pflanze definiert, die unerwünscht spontan herangewachsen ist. Daher ist Unkraut zunächst subjektiv. Denn es hängt vom individuellen Störungsempfinden ab. Jedoch möchten wir ungeachtet der Subjektivität kein Unkraut in unserem Garten haben. Schließlich soll auch nur das heranwachsen, was gezielt angebaut wurde. Daher besteht ein regelmäßiger Teil der Gartenpflege auch aus dem Jäten des Unkrauts. Also aus dem Entfernen des Unerwünschten.

Das Unkraut symbolisiert all die Dinge im Leben, die gewissermaßen präsent, jedoch eigentlich unerwünscht sind. Sachen, die von den Zielen und vom ursprünglichen Vorhaben abweichen, aber dennoch ungewollt Platz einnehmen. Es gilt, diese Dinge zu erkennen und sie aus unserem Leben zu entfernen. Dies setzt eine regelmäßige, ernsthafte Analyse des eigenen Lebens voraus. Eben genauso wie der nach Unkraut gerichtete Blick in den Garten. Wenn wir etwas finden, das eigentlich unerwünscht ist und vom ursprünglich Gewollten abweicht, dann handeln wir unmittelbar. Wir entfernen es und schauen nicht dabei zu, wie es vor sich hinvegetiert. Dies kann durchaus auch schmerzhaft sein. Denn Unkraut ist in unserem Garten herangewachsen und somit ein Teil dessen geworden, eben ein ungewollter Teil. Diesen gilt es zu entfernen und Unkraut wird nun mal nicht rausgestreichelt, sondern rausgerissen. Wir entfernen etwas, das bereits verwurzelt ist.

Also blicke ganz genau auf dein Leben, um zu erkennen, was berechtigter Weise da ist und was nicht. Dies kann ein Job, eine Gewohnheit oder auch nur ein geduldetes Verhalten einer Person sein. Entferne alles aus deinem Garten, das da nicht hingehört. Halte den Blick auf deine Ziele gerichtet, um ungewünschte Dinge klar sehen zu können. Selbst wenn es schmerzhaft erscheint, reiß es raus und befreie deinen Garten vom Unkraut.

6. Schädlingsbekämpfung

Schädlinge im Garten zu haben kann eine reine Plage sein. Sie verursachen Löcher in Blättern, lassen die Blüten verwelken oder fressen sogar ganze Pflanzen kahl. Schädlinge können nicht nur unsere Pflanzen angreifen, sondern sich im Boden ausbreiten und somit auch die gesamte Fruchtbarkeit des Bodens gefährden. Entscheidend im Rahmen der Schädlingsbekämpfung ist die Präventionsarbeit. Hier kann beispielsweiße mit Hilfe von engmaschigen Netzen verhindert werden, dass die Schmarotzer überhaupt an die Pflanzen gelangen. Sollten sich Schädlinge bereits ausgebreitet haben, wäre der Einsatz von entsprechenden Nutztieren denkbar, wie z.B. Marienkäfer, die in den Kampf gegen Blattläuse ziehen. Denn umso weiter sich die Schädlinge bereits ausgebreitet haben, desto schwieriger wird es, den Garten wieder sauber zu bekommen. Es gilt, Präventionsarbeit zu leisten, um Schädlinge frühzeitig zu erkennen und zu bekämpfen.

Was sind die Schädlinge unseres Lebens?
Was stellt eine Bedrohung für unsere Ziele dar?
Und was gefährdet sogar die gesamte Fruchtbarkeit des Geistes?

Um dem Leben einen entsprechenden Glanz zu verleihen und auch die definierten Ziele erreichen zu können, bedarf es zweifelsohne eines klaren Geistes. Denn nur ein klarer Geist ist dazu in der Lage, die Kommunikation mit der Außenwelt zu erkennen. Die Schädlinge des Lebens stören unsere Kommunikation mit der Außenwelt, doch um dies zu verstehen, müssen zunächst die verschiedenen Ebenen, auf der eine Kommunikation überhaupt stattfindet, verstanden werden.

Die Ebenen unterliegen hinsichtlich ihrer Bedeutung einer Hierarchie. Die unterste Ebene stellt somit den wertlosesten Informationsaustausch dar. Dies ist die Ebene der **verbalen Kommunikation**. Alles, was gesagt und gehört wird, ist grundsätzlich Information niederster Qualität. Die Qualität der Information auf der verbalen Ebene steht in Abhängigkeit mit dem Geisteszustand der kommunizierenden Personen. So können durchaus auch die Worte, die einem klaren Geist entstammen, von sehr hoher Qualität zeugen. Jedoch auch nur dann, wenn sie auf fruchtbaren Boden fallen. Da Worte zunächst nicht mehr als aneinandergereihte Buchstaben sind, die mal mehr und mal weniger schön klingen. Wenn die klügsten und wertvollsten Worte dieser Welt lediglich in den Wald hineingerufen werden, so erzeugen sie keine Energie. Selbst wenn dieselben Worte an Menschen gerichtet sind, diese jedoch die Worte nicht aufnehmen, so erzeugen die Worte dieselbe Kraft, wie die Rufe in den Wald.
Erst wenn wertvolle Worte auf einen empfänglichen Geist stoßen, kann auf der verbalen Kommunikationsebene Energie erzeugt werden. Handelt es sich um Worte einfacher Informationsqualität, wie beispielsweise Versprechungen oder Abmachungen, so können sie erst durch deren Umsetzung in die Tat Kraft entwickeln. Bis

zum Zeitpunkt der Verwirklichung bleiben sie also energielose, aneinandergereihte Buchstaben.

Denn der Tat ist eine Rückgängigmachung ausgeschlossen, jedoch des Wortes, Umsetzung ungewiss.

Der verbalen Kommunikationsebene ist die **Handlungsebene** übergeordnet. Die Handlungsebene meint nicht die bekannte „nonverbale Kommunikation" und zielt nicht auf die Körpersprache eines Menschen ab. Es geht nämlich um die Handlungen und Taten einer Person. Informationen, die mittels Handlungen und Taten einer Person übermittelt werden, sind von deutlich höherem Qualitätsgehalt als die der reinen Worte. Informationen, die aus Taten entstammen, sind denen aus Worten übergeordnet. Wenn die Worte und Handlungen einer Person auseinandergehen oder sich widersprechen, sind nur dessen Taten von Bedeutung. Jemand, der verspricht, nicht zu lügen, es dann aber doch tut, dessen Wort und Tat widersprechen sich, und wir achten nur auf dessen Taten.

Worte sind energielos, sich an diesen festzuklammern, ist frei von Sinn. Ein erwachter Geist kommuniziert hauptsächlich durch Taten und legt reine Worte auf keine Waage. Eine Handlung ist kraftvoll und die Aussage, die ihr innewohnt, nicht abzusprechen. Wohingegen die Kraft der reinen Aussage durch die Tat erst an Bedeutung gewinnt. Daher sollte unser Gehör auf Handlungen und nicht auf Worte gerichtet sein.

Lerne deine Taten sprechen zu lassen und halte deine Worte begrenzt.

Neben der verbalen Kommunikationsebene und der Handlungsebene gibt es noch eine weitere Ebene, auf der eine Kommunikation stattfindet. Die dritte Ebene ist die bedeutsamste Kommunikationsebene. Denn sowohl der Wert als auch die Qualität der Informationen, die auf dieser Ebene ausgetauscht werden, sind unübertrefflich und die wahren Wegweiser des Lebens. Einen Zugang zu Informationen zu erhalten, die der verbalen Ebene entstammen, setzen keinen besonderen Geisteszustand voraus, es sei denn, die Qualität der Worte ist besonders hoch.

Anders ist es bereits auf der Handlungsebene. Denn die Wahrnehmung dieser Informationen setzt einen schon wacheren Geisteszustand voraus. Dieser muss dazu in der Lage sein, den Worten die entsprechende Kraft zu entnehmen und den Handlungen die richtige zuzuschreiben. Der Geist muss die Differenzierung der Energien zwischen Wort und Tat verstehen. Allein dies gelingt schon nur den Wenigsten ...

Einen Zugang zur dritten Ebene zu erhalten ist nur denjenigen vorbehalten, deren Geisteszustand im Absoluten erwacht ist.

Die **energetische Kommunikationsebene**. Auf dieser findet ein Austausch der Informationen frei von Raum und Zeit statt. Die Übermittler der Informationen sind weder Worte noch Taten. Die Informationen können weder gehört noch gesehen werden. Auf der energetischen Ebene sprechen keine Menschen oder deren Taten zu uns. Denn wir erhalten das Privileg, in einen kommunikativen Austausch mit dem Allumfassenden zu treten. Auf dieser Ebene können wir die Information nur erfahren und erkennen. Es existieren weder Glück, Pech noch Zufall. Unserem Geist wird ein Blick hinter die Kulissen gestattet. Wir erblicken universelle Gesetzmäßigkeiten und lernen, uns als einem Teil der Gesamtheit zugehörig zu sein. Situationen, die uns widerfahren, und Menschen, auf die wir stoßen, erleben wir von nun an nicht mehr als willkürlich, sondern wir nehmen die Zusammenhänge sowie deren Ursachen und Folgen wahr. Wir erkennen, dass nichts nur für sich alleinstehend betrachtet werden darf, da verstanden wird, dass Alles in Verbundenheit zueinander steht und nur von einer Energie durchdrungen wird.

Uns wird die Bedeutungslosigkeit sowohl des Individuums als auch der Individualität ersichtlich. Wir können, für uns betrachtet, bedeutungsvoll erscheinen, jedoch niemals mit dem Blick auf die Gesamtheit bedeutsam sein. Weder der einzelne Mensch noch die gesamte bisherige Menschheit nimmt innerhalb der Gesamtheit Raum und Bedeutung eines einzelnen Sandkorns der Sahara ein. Doch erlangen wir den absolut erwachten Geisteszustand, so bemerken wir, die gesamte Sahara zu sein.
Die Schönheit eines Sonnenaufgangs, die Unendlichkeit der Ozeane und die Ruhe der Berge können in einem Augenblick so aufklärend sein, wie es nicht einmal die

Gesamtheit aller Bücher vermag. Die dritte Kommunikationsebene ist die edelste. Sie lässt uns in Schönheit erblühen und vor Ehrfurcht erstarren. Sie kann uns Alles erklären, ohne je ein Wort zu sagen.

Erlangen wir Zugang zur energetischen Kommunikationsebene, so setzt dies uns ein dauerhaftes Schmunzeln auf.

Wir fühlen uns wie ein Zuschauer in der Show eines Magiers, dessen Tricks wir bereits kennen und dieser vergeblich versucht, uns zu beeindrucken.

Wir bleiben ungerührt vor dessen Auftritt, doch schmunzeln und applaudieren aus Respekt.

Um im Leben in der Spur zu bleiben und nicht zu entgleisen, sollte die Kommunikation mit der Außenwelt klar bleiben. Auf allen drei Ebenen wird kommuniziert. Das bedeutet, wir empfangen nicht nur Informationen, sondern senden auch welche aus.

Die **empfangenen** und **gesendeten** Informationen stehen in einer **Wechselwirkung** zueinander und bedingen sich gegenseitig.

Die Schädlinge unseres Gartens, die es zu bekämpfen gilt, haben allesamt eines gleich. Nämlich die Störung unserer Kommunikation mit der Außenwelt. Die Schädlinge unterwandern den Geist und blockieren die Frequenzen, über die wir kommunizieren.

Alle bewusstseinsverändernden Stoffe sind als Schädlinge für den Geist zu betrachten. Die Kommunikationsebenen lassen sich bevorzugt in umgekehrter Anordnung ihrer Hierarchie von den Stoffen beeinflussen.

Das bedeutet, dass wir zuerst den Kontakt zur energetischen Kommunikationsebene verlieren und zuletzt zu der verbalen, da die dritte Ebene die meiste Klarheit des Geistes voraussetzt und die erste nun mal die wenigste.

Gehen wir von einer Person aus, die ein paar Bier im „System" hat und angetrunken ist. Dessen verbale Kommunikation wird sowohl hinsichtlich des Gesagten als auch dem Gehörten bereits etwas beeinflusst sein. Hin und wieder werden Wörter vertauscht oder vergessen und auch die akustische Wahrnehmung fängt an zu sinken. Jedoch ist die Person noch dazu in der Lage, Informationen über die verbale Kommunikationsebene zu senden und auch zu empfangen.

Anders sieht es auf der kommunikativen Handlungsebene aus. Denn die Person ist sich nicht mehr vollständig im Klaren darüber, welche Signale seine Handlungen senden und zieht auch verfehlte Informationen aus den Handlungen anderer. So erscheint ihm die Bewegung seiner Hand in Richtung des Podex der hübschen Kellnerin, die ihn lediglich höflichkeitshalber anlächelt, als recht unkompliziert und auch die Reflexion der Konsequenzen einer solchen Tat bleibt vollständig aus.

Die kommunikative Handlungsebene der Person hat sich soeben verabschiedet und von nun an hängt das Überleben dieser Person von aneinandergereihten Buchstaben ab. Einen Zugang zur dritten Ebene hatte die Person bereits vor dem ersten Bier nicht. Denn die energetische

Kommunikationsebene erfordert absolute Klarheit des Geistes und jemand, dessen Geist in solchem Zustand ist, trinkt weder Alkohol oder nimmt sonstige bewusstseinsverändernde Substanzen zu sich.

Die Person ist dauerhaft nüchtern, die Person ist klar. Die beschriebenen Substanzen gilt es, voller Vorsicht zu betrachten und von unserem Geist weit fernzuhalten. Denn sie stellen eine ernstzunehmende Bedrohung für unseren Garten dar. Schädlinge kommen nicht und gehen wieder. Sie haben den Drang, sich auszubreiten.

Lassen wir sie gewähren, so werden sie zuerst den Garten übernehmen, um ihn schließlich zu vernichten. Eben wie der Alkohol, der den Kontakt zur Außenwelt eines Menschen abstellen kann indem er die Kontrolle über diesen allmählich übernimmt, mit der Absicht, ihn in die Knie zu zwingen. Halte daher deinen Garten frei von Schädlingen.

7. Umzäunen

Die vorangegangenen Abschnitte haben gezeigt, wie mühsam es doch ist, einen schönen Garten zu errichten. Ein angenehmer Garten nimmt viel Zeit in Anspruch und erfordert Kontinuität. Denn lässt unsere Arbeitsbereitschaft nach, so werden auch die Erscheinung und der Zustand des Gartens nachlassen. Allerdings bleiben die Anstrengungen nicht unbelohnt. Uns erwartet ein wunderschöner Ort. Ein traumhafter Garten, in dem wir uns entspannt zurücklehnen dürfen. Eine solche Stätte ist auch nicht jedem vergönnt, eben nur denen, die zum Werken bereit sind.

Die Mehrheit aller Menschen entscheidet sich lieber für den vermeintlich „leichteren" Weg. Ihre Bereitschaft in die kontinuierliche Arbeit des Selbst tendiert gegen Null. Sie haben überhaupt keine Lust einen Garten zu errichten. Stattdessen wird die gesamte Energie dafür verwendet, sich über den verwilderten Zustand zu echauffieren und wegen der Rattenplage in vollem Selbstmitleid zu ertrinken. Der anfangs vermeintlich „leichtere" Weg entpuppt sich dann relativ schnell als Weg des endlosen Leides. Während die anderen Wenigen, die an einem kontinuierlichen Prozess des eigenen Fortschritts wirken, nach der getanen Arbeit in ihrem paradiesischen Garten entspannen.

Doch dieser wunderschöne Ort muss auch beschützt werden. Denn unser Garten könnte jederzeit in das Visier von bösen, manipulativen, missgünstigen oder neidvollen Augen fallen. Das sind Menschen, die auch in unseren Garten wollen, da jedoch nichts Gutes drin vorhaben. Wir stecken solche Zeit und Mühe in die Erschaffung unseres Paradieses und jetzt sollen wir dieses von anderen Menschen zerstören lassen?

Ein Garten muss umzäunt werden. Mit der Schönheit des Gartens sollte auch die Sicherheit des Zaunes wachsen. Jeder Winkel des Gartens ist vor fremden Eindringlingen abzuschirmen. Der gesamte Garten wird von einem Stromzaun umkreist, der jedem Störenfried mit

Hochspannung dessen Grenzen aufweist. Nur wer im Inneren steht, darf die Schönheit des Gartens erblicken. Allen anderen verbleibt nur der Blick auf eine Festung. Die Menschen sind herzlichst dazu eingeladen, in unserem Garten zu kommen und Zeit mit uns zu verbringen. Doch wir lassen sie nicht einfach willkürlich in diesen hinein. Sie müssen bestimmte, von uns definierte Kriterien erfüllen. Menschen dürfen freundlich am Eingang zur Festung die Gewährung des Eintritts erfragen. Woraufhin nach gründlicher Prüfung, ein edler Ritter den Zutritt begrüßend bewilligt oder ernstzunehmend ablehnt. Erlauben wir es einem Menschen, in unser Leben hineintreten zu dürfen und die Anmut des Gartens zu erblicken, so ist die Dauer seines Aufenthalts an dessen Verhalten gekoppelt. Jedem Gast werden die Gesetze unseres Reichs deutlich verkündet.

Mein Garten ist auch dein Garten. Doch sollte ich eine Entgleisung deines Verhaltens registrieren, indem du meine Werte nicht schätzt, meine Zeit missachtest, mir gegenüber keinen Respekt zeigst und meine Grenzen überschreitest, so wird dich der edle Ritter aus dem Garten verbannen.

Kapitel III - Senden und Empfangen

Die drei verschiedenen Kommunikationsebenen wurden bereits erläutert. Wir stehen in einem ständigen Austausch von Informationen auf der verbalen, der Handlungs- und der energetischen Ebene. Die Mehrheit der Menschen kommuniziert auf den ersten beiden Ebenen, also der verbalen und der Handlungsebene nur vermeintlich. Sie reden und hören, handeln und nehmen wahr, doch trotzdem ist ihre Kommunikation nicht klar. Denn die Informationen werden zwar ausgetauscht, jedoch nicht verarbeitet da die richtige Verarbeitung von Informationen nur dem klaren Geist zusteht.

Es muss verstanden werden, welche Botschaften wir senden und welche wir empfangen. Nur an einer Kommunikation teilzunehmen, bedeutet noch lange nicht auch zu kommunizieren. Die Mehrheit nämlich kommuniziert nicht, sie **manipuliert** und **interpretiert**.

In dem, was sie senden und empfangen, sind sie nicht klar. Im Bellen eines Hundes steckt mehr Botschaft als in den Sätzen eines nicht erwachten Geistes. Ohne der klaren Kommunikation befähigt zu sein, sagen wir nichts, hören wir nichts und sehen auch nichts.

Wie also können wir in voller Klarheit mit unserer Außenwelt kommunizieren?

1. Die Manipulation

Das Wort „Manipulation" klingt schrecklich und deutet darauf hin, dass jemand, ohne dessen Kenntnis, beeinflusst wird, sich in einer bestimmten Weise zu verhalten. Die Manipulation ist eine Folge der Unehrlichkeit, da der manipulierende Teil den eigentlichen Willen verschweigt und somit nicht ehrlich hinsichtlich seiner tatsächlichen Absicht ist. Die Manipulation ist weit mehr verbreitet als gedacht. Denn sie ist Teil des gewöhnlichen Repertoires eines nicht erwachten Geistes.

Um Klarheit bei dem zu behalten, was in die Außenwelt gesendet wird, darf zu keinem Zeitpunkt manipuliert werden. In vielen Fällen geht der Manipulation sogar ein weiterer Fehler voraus. Nämlich der vergebliche Versuch des **„Überredens"** oder **„Überzeugens"**.

Nach gescheiterter Bemühung um die eigene Absicht wird sich dann nicht allzu selten der Manipulation bedient.

Der erwachte Geist hat niemanden und nichts zu überreden oder zu überzeugen. Er ist klar und verständlich, sowohl in seiner Aussage als auch in seinem Verhalten. Die Begierde und die Absicht werden nur ein einziges Mal in die Außenwelt kommuniziert. Wenn daraufhin nicht die Erfüllung des Wunsches folgt, so stellt dies keine Komplikation dar. Denn der erwachte Geist erkennt die Lachhaftigkeit einer Manipulation. Eine Manipulation sendet nämlich eine ganz bedeutsame Botschaft. Sie enthält die Information, verdrossen zu sein, da Gewolltes nicht erlangt wird. Jedoch kennt der erwachte Geisteszustand keinen Unmut und erst recht keinen von der Außenwelt ausgelösten.

Zufriedenheit ist etwas, das im Geist entsteht, da sie die innere Ausgeglichenheit ausdrückt. Nichts, das in unserer Außenwelt entsteht oder existiert, könnte jemals die Kraft dazu haben, uns Zufriedenheit zu geben. Jedoch spiegelt die Manipulation eine krampfhafte Anstrengung nach der Zufriedenstellung durch die Außenwelt wider, da der Manipulierende einer Illusion verfallen ist. Er jagt müßig den scheinbaren Erfüllern seiner Unzufriedenheit nach. Dieses wird getan, weil der Geist sich verknotet hat. Ausgelöst durch die fehlerhafte Annahme, ein unerfüllter Wunsch würde Unzufriedenheit auslösen. Diese Fehlkopplung führt zu einer irreführenden Gewichtung der eigenen Wünsche und Absichten.

Die Lösung liegt in der Entkopplung. Zunächst muss begriffen werden, dass die eigenen Wünsche und Absichten zwar wichtig und aufrecht zu erhalten sind, dass jedoch deren Nichterfüllung keine Unzufriedenheit auslösen dürfen. Aus diesem Grund ist ihnen ein Wert der Gleichgültigkeit zuzuschreiben. Das wiederum führt dazu, dass wir bei der Nichterfüllung unserer Wünsche oder Absichten ungerührt bleiben. Wenn dies verstanden wird, so erlangen wir Macht zurück. Ein Stück mehr Macht über den Geist, da wir die Bedeutungslosigkeit eines unerfüllten Wunsches begreifen. Es kommt uns nun nicht einmal mehr in den Sinn, das Verlangen ein zweites Mal zu äußern.

Unsere Wünsche und Absichten sind uns wichtig, doch wir sind nicht in deren Abhängigkeit. Wir verstehen, dass jeder krampfhaften Bemühung die Botschaft der Unzufriedenheit zugrunde liegt. Jedoch ist ein erwachter Geist zufrieden, daher wird er keine Unzufriedenheit in die Außenwelt senden.

Bekommt ein erwachter Geist nicht das, was er möchte, so ist dies für ihn in Ordnung. Er nimmt es hin, dreht sich um und geht seinen Weg. Die Botschaft, die wir senden, ist immer klar und unmittelbar verständlich. Das Verlangen wird nur einmal ausgesprochen, wir versuchen niemanden zu überreden und erst recht manipulieren wir nicht.

2. Interpretation

Ein Geist, der bereits fehlerhaft in der Aussendung seiner Informationen ist, wird unmöglich fehlerlos Informationen empfangen können. Da die Informationen, die empfangen werden, die vorher gesendeten bedingen.

Jede Information, die wir von unserer Außenwelt aufnehmen, ist lediglich eine Reaktion auf die vorher von uns gesendete Information. Wenn wir also unsere Botschaften schwammig senden, so werden wir auch nur schwammige Botschaften empfangen.

Sowohl das Gesendete als auch das Empfangene durchlaufen ein und denselben Kommunikationskanal. Dabei ist es auch irrelevant, auf welcher

Kommunikationsebene kommuniziert wird. Die Kommunikationsebenen beschreiben lediglich die Art und somit die Qualität der Information. Unabhängig von ihrer Qualität durchlaufen sie einen einzigen Kanal und das sowohl für das Empfangen als auch dem Senden der Botschaften.

Es gilt zu verstehen, dass eine Person, die manipulierend ist, einen beschädigten Kommunikationskanal hat. Diesem ist es unmöglich, unklare Informationen zu senden und dabei aber klare Informationen zu empfangen. Folglich wird die Person, die in der Aussendung der Botschaften unzufrieden, unehrlich und manipulierend ist, im Empfangen der Informationen gierig, misstrauisch und interpretierend sein. Hinzu kommt, dass die fehlerhafte Aufnahme der Informationen wiederum die eigenen gesendeten Botschaften verderben. Da eben das, was wir senden, auch eine Reaktion auf das zuvor Aufgenommene darstellt und somit den sogenannten Teufelskreis erzeugt. Ein Geist mit fehlerhaftem Kommunikationskanal empfängt die Informationen nicht klar. Die Botschaften unserer Außenwelt werden nicht tatsächlich aufgenommen, sondern verfälscht durch die Neugierde, dem Misstrauen und der Interpretation. Es gibt Lebensbereiche, wie beispielsweise innerhalb der Kunst, die Raum für Interpretationen bieten. Die Interpretation ist eine als plausibel angesehene Erklärung einer bestimmten gegebenen Sache. Jedoch ist sie auch nur sinnvoll, wenn die Notwendigkeit zur Deutung besteht und diese besteht immer nur dann, wenn die Bedeutung einer Sache nicht gegeben ist.

Betrachten wir ein Kunstwerk und sind dabei von dessen Schönheit beeindruckt, so sehen wir lediglich das Werk, jedoch fehlt uns eine zugehörige und definierte Bedeutung. Dies ermöglicht den Raum der Interpretation zur Deutung einer plausiblen Bedeutung des Werks und stellt somit die Möglichkeit einer Lösungsfindung dar, da eben die Bedeutung unbekannt ist, jedoch erlangt werden möchte.

Der fehlerhafte Kommunikationskanal des nicht erwachten Geistes wendet diese Form der Lösungsfindung falsch an. Nämlich selbst dann, wenn die Bedeutung einer bestimmten Sache bereits gegeben ist.
Somit werden die eigentlich eindeutigen Botschaften der Außenwelt nicht als solche wahrgenommen. Die klaren Bedeutungen der Informationen, die aus den verschiedenen Kommunikationsebenen zu uns fließen, werden nicht berücksichtigt, da der Kommunikationskanal diese verschmutzt. Er ist wie eine verrostete Wasserleitung: das klare einfließende Wasser kommt braun heraus.

So wird nicht die Bedeutung einer Aussage, Handlung oder eines Umstands aufgefasst, sondern stattdessen ein Raum für Interpretationen gesehen. Ein solcher Geisteszustand führt zu unheimlich überflüssigen Komplikationen des eigenen Lebens, da zum einen sehr viel Energie und Kapazität für die Errechnung einer bereits vorliegenden Lösung verschwendet wird, um dann auch noch zu einer falschen Deutung zu kommen. Hinzu kommt, dass die falsche Deutung, wiederum unsere darauffolgenden Informationen verderben und wir falsche Botschaften hinaussenden.

Wenn wir z. B. eine Person bereits mehrmals nach einem gemeinsamen Treffen gefragt haben, es jedoch bisher zu keinem Treffen kam, da uns immer wieder mittgeilt wurde, wie wenig Zeit die Person doch hätte, fängt an dieser Stelle aufgrund des fehlerhaften Kommunikationskanals die Interpretation an. Hierzu werden zunächst innerlich Fragen gebildet, wie z. B.:

„Warum hat diese Person keine Zeit?"

„Habe ich vielleicht etwas falsch gemacht?"

„Trifft sich die Person doch mit jemand anderem?"...

Im zweiten Schritt wird dann versucht, die plausibelsten Antworten auf die zuvor gebildeten Fragen zu finden. Diese könnten z. B. wie folgt lauten:

„Bestimmt arbeitet die Person viel und hat daher wenig Zeit."

„Ich glaube die Art, wie ich nach einem Treffen fragte, war etwas zu aufdringlich."

„Wahrscheinlich kennt die Person viel bessere Menschen als mich und trifft sich daher lieber mit diesen."...

Nachdem eine Menge Energie und Zeit dafür verschwendet wurden, die vermeintlich geheimnisvolle Botschaft dieser Person zu entschlüsseln, wird sich an einer der Plausibilitäten festgeklammert und diese dann als

72

Nährboden für die eigenen Aktionen in Richtung Außenwelt genutzt. Diese sind dann oftmals manipulierend und könnten sich wie folgt darstellen:

„Wenn die Person mich nach einem Treffen fragt, werde ich auch keine Zeit haben."

„Ich werde der Person unter die Nase reiben, wie schön ein bestimmtes Ereignis war."

„Ich werde zwei teure Tickets für ein Konzert kaufen, dann wird sie bestimmt mitkommen wollen." …

Das, was wir senden, fördert das, was wir empfangen, und das was wir empfangen, beeinflusst wiederum das, was wir senden. Ein nicht erwachter Geist unterliegt den Blockaden des fehlerhaften Kommunikationskanals. Diesen Teufelskreis gilt es zu durchbrechen. Ansonsten wird es uns nicht möglich sein, klar und verständlich mit unserer schönen Außenwelt einfach zu kommunizieren. Wir werden in allem, was wir tun, stagnieren. Da nur die klare Information die Eigenschafft besitzt, uns voranzubringen. Doch sollten wir keine klaren Botschaften senden und empfangen, so wird der Geist in den Sogkräften des Strudels gefangen gehalten. Dies ist nicht nur eine unangenehme Situation für den Geist, sondern stellt vielmehr eine folgenschwere Bedrohung dar. Denn die Kräfte des Sogs, die in einem fehlerhaften Kommunikationskanal herrschen, sind mächtig und ziehen den Geist voller Kraft in Richtung des Grundes. Der Mechanismus des Sendens und Empfangens muss daher dringlich verstanden werden, da ansonsten der

Teufelskreis nicht durchbrochen werden kann und der Geist immer weiter in Richtung Abgrund gesogen wird.

Die Botschaft der Person aus dem Beispiel war keineswegs kryptisch. Es wurde eine klare Nachricht übermittelt, nämlich die, dass die Person einfach keine Zeit mit uns verbringen möchte. Denn wäre die Person gewillt, uns zu treffen, so würde sie einfach freie Zeit für uns schaffen. Wir wären dann eine Priorität und es wäre der Person wichtig, uns zu treffen. Es wäre ihr wichtiger, die Zeit mit uns zu verbringen, als sie anderweitig zu nutzen.

Klare Botschaften empfangen zu können, erfordert auch den richtigen Umgang mit Ablehnung. Ein nicht erwachter Geist möchte gewisse Dinge nicht wahrhaben, da z. B. die Ablehnung als bedrückend empfunden wird. Dies ist jedoch eine reine Illusion.

Die Botschaft darüber, dass jemand mit uns keine Zeit verbringen möchte, ist im selben Maße so wertvoll, wie die darüber, dass wir für jemanden die Priorität darstellen. Es ist wichtig zu erfahren, wessen Zeit wir es wert sind, um diese mit uns zu verbringen. Denn sind wir nicht dazu in der Lage, den Kern einer Botschaft zu entschlüsseln, so wird uns das unverhältnismäßig viel Zeit und Energie kosten.

Mit dem Erwachen des Geistes wird erlernt, den Kern einer Botschaft präzise und schnell aufzufassen. Nach einer gewissen Zeit wird festgestellt, wie bereits der Geist autonom alle überflüssigen Details ausblendet. Unser Kommunikationskanal wird Stück für Stück wieder gesäubert. Gelangst du zu einem fehlerfreien

Kommunikationskanal, zu dem eines erwachten Geistes, dann wird dir klar werden, was die tatsächliche Bedeutung von Sehen, Hören und Verstehen ist. Du wirst dazu in der Lage sein, Informationen zu erkennen wie noch nie zuvor. Gerade Menschen, die keinen erwachten Geist haben, werden dir in voller Transparenz begegnen. Es wird dir so vorkommen, als könntest du ihre Gedanken lesen. Aus jedem Wort, aus jedem Verhalten und aus jeder Aktion erkennst du plötzlich in messerscharfer Präzision den eigentlichen Willen eines Menschen. Du fängst an zu begreifen, dass die Worte, die sie sagen, und die Dinge, die sie machen, einer Scharade gleichkommen. Eben nur mit dem Unterschied, dass du jedes Mal den Zettel, auf dem das zu erratende Wort steht, bereits in deiner Hand hältst. Du erlernst Alles auf den eigentlichen Kern herunter zu brechen. Dies wird dir eine unglaubliche Macht geben. Da du von nun an erfahren wirst, was Menschen wirklich wollen. Du bekommst nicht nur den Einblick in ihre Absichten, sondern darfst auch dabei zusehen, welchen Affentanz Menschen veranstalten, um ihre Absichten vermeintlich zu kommunizieren. Durch einen sauberen Kommunikationskanal wirst du innerhalb eines Augenblicks erkennen können, wessen Geist erwacht ist und wessen nicht. Du wirst effektiver und schneller werden Und dadurch mehr Energie und Zeit haben.

Der klare Kommunikationskanal wird dir eine neue Dimension der Wahrnehmung eröffnen.

3. Der klare Kommunikationskanal

Nachdem der klare Kommunikationskanal erläutert wurde, soll nun erklärt werden, wie dieser erlangt werden kann. Worauf muss geachtet werden und was müssen wir konkret tun, um in eine klare Kommunikation mit unserer Außenwelt zu treten?

Wie wir jetzt wissen, stehen die gesendeten und empfangenen Informationen in einer sich bedingenden Wechselwirkung. Daher muss zunächst die Sichtweise auf das, was gesendet und empfangen wird, geändert werden. Wir müssen verstehen, dass diese Informationen derselben Energie entspringen. Die Botschaften, die wir empfangen, sind denen, die wir senden, gleichwertig. Nur die Kommunikationsebenen machen einen Unterschied hinsichtlich der Wertigkeit der Informationen aus. Eine Information aus der verbalen Kommunikationsebene ist weniger wert als eine aus der Handlungsebene und diese weniger als eine aus der energetischen. Jedoch spielt es hinsichtlich der Wertigkeit einer Information keine Rolle, ob diese gesendet oder empfangen wird. Aus diesem Grund muss den Botschaften, die wir empfangen, dieselbe Aufmerksamkeit geschenkt werden, wie denen, die wir aussenden.

Wir müssen lernen, ein Gefühl für den Kern der Informationen zu entwickeln, um so die Absicht hinter jeder gesendeten und empfangenen Botschaft zu erkennen. Dies machen wir, indem wir uns von den

Emotionen befreien, die wir den Informationen zuschreiben. Schaffen wir es, Gesagtes, Gehörtes und Getanes nüchtern zu betrachten, so werden Informationen keine überflüssigen Emotionen mehr in uns hervorrufen. Wir müssen lernen, dass eine Information nichts weiter ist als eine Information. Dabei ist es unerheblich, ob uns jemand sagt, wie wichtig wir doch dieser Person wären oder ob uns jemand den Hass, der uns gegenüber verspürt wird, offenbart. Beides ist für uns von gleichem Wert. Ein vollständig erwachter Geist hat es gelernt, alles, was gesagt, gehört oder getan wird, auf die kleinste Informationseinheit aus 1 für „Spannung liegt an" und 0 für „Spannung liegt nicht an", wie in einem Binärcode herunter zu brechen. Wobei die Spannung eben die Absicht eines Menschen repräsentiert. Hinter allem, was wir aussenden oder empfangen, verbirgt sich am Ende im Kern entweder nur eine offene oder eine verschlossene Tür. Wir lernen, uns von der unnötigen, energiefressenden und zeitverschwendenden Scharade um die Absicht herum zu befreien. Einem Menschen nicht erwachten Geistes, der uns mit 1000 Worten begegnet, hätte für die selbige Botschaft auch nur eines gereicht. Denn wie wäre es ansonsten möglich, dass sich hinter der absoluten Stille eines Menschen eine so starke Botschaft verbergen kann?

Der beste Weg, um zu einem klaren Kommunikationskanal zu gelangen, ist im ersten Schritt das, was man selbst kommuniziert hat, zu beachten und zu kontrollieren. Darüber nachzudenken, welche Botschaft wir eigentlich mit einer bestimmten Aussage oder

Handlung aussenden. Um einen Wandel auszulösen, ist es unerlässlich, auf die eigenen gesagten Worte und getanen Dinge genauestens zu achten. Wir reden und agieren nicht mehr einfach darauf los. Wir fragen uns selbst, welche Botschaft sende ich eigentlich aus, wenn ich dieses sage oder jenes tue?

So werden wir nach und nach ein Gefühl für die eigentlichen Botschaften bekommen. Wir werden dann feststellen, welch Affentanz wir selbst bisher um die eigenen Absichten herum veranstaltet haben. Wir werden uns plötzlich entblößt fühlen, da die zuvor durchgeführte Scharade eine vermeintlich schützende und umhüllende Wirkung hatte. Denn der nicht erwachte Geist ist in einem Dilemma gefangen. Er möchte seine Absichten offenbaren, ohne dabei diese zu kommunizieren. Da er der Illusion verfallen ist, eine Offenlegung der eigenen Absichten würde ihn verletzbar machen. Diese Annahme wiederum herrscht lediglich aus der Angst vor Ablehnung heraus. Die Befürchtung davor, den eigentlichen Willen darzulegen und dann jedoch auf Widerstand zu stoßen. Denn Widerstand und Ablehnung fürchtet ein nicht erwachter Geist. Diese lösen tiefste Ängste in ihm aus, da ein solcher Geist eben bedürftig und emotional abhängig von der Außenwelt ist. Der Glaube daran, die Außenwelt wäre für die eigene Zufriedenheit zuständig, blockiert die gesamte Kommunikation. Daher gilt es, sich im ersten Schritt frei zu machen. Frei von den eigenen illusionierten Ängsten. Der Kokon des Kommunikationskanals muss abgelegt werden. Denn so bekommen wir das Privileg, die eigenen Absichten klar und unmittelbar zu äußern. Wir werden lernen, keine Angst mehr davor zu haben, direkt und ohne die unnötige Ummantelung der Scharade die eigenen Absichten klar auszusenden. Wir begreifen dann allmählich, dass die klare Kommunikation der eigenen Absichten keinesfalls egoistischer Natur ist. Denn egoistisch kann höchstens der Inhalt einer Absicht sein, nie jedoch dessen Offenbarung. Plötzlich werden wir lernen Menschen wertzuschätzen, die es begriffen haben, den eigenen Willen deutlich zu kommunizieren. Stattdessen werden wir anfangen, von Personen, die uns ihre neueste Choreografie des Affentanzes vorführen sowie von Menschen, die nicht ehrlich, direkt und klar mitteilen, was sie wollen, uns unserer Zeit beraubt zu fühlen. Durch die absolute Kontrolle über die eigenen Worte und Handlungen wird sich der Kommunikationskanal reinigen. Unser Blick für Manipulation und Interpretation wird sich enorm verschärfen. Und zwar so sehr, dass es uns möglich sein wird, sie hinter allem Gesendeten und Empfangenen zu erkennen, um sie dann abzuwerfen und auszufiltern, um schließlich nur die reine Botschaft, also die Absicht, erblicken zu können.

4. Die Wechselwirkung

Ein nicht erwachter Geist, dessen Kommunikationskanal fehlerhaft ist, unterliegt den Sogkräften des Teufelskreises, d. h. der Wechselwirkung zwischen gesendeter und empfangener Botschaft. Da, wie bereits erwähnt, die

Informationen, die empfangen werden, von den zuvor gesendeten Informationen bedingt wurden und diese wiederum von den zuvor empfangenen beeinflusst waren. Das bedeutet, dass Manipulationen und Lügen immer Interpretationen und Misstrauen hervorrufen. Diese verstärken wiederum weitere Manipulationen und Lügen. Eine Wechselwirkung, die den Geist immer weiter verdirbt und jegliche Weiterentwicklung hemmt. Doch was passiert, wenn wir einen klaren Kommunikationskanal erlangen?

Nachdem wir angefangen haben, die Botschaften unserer eigenen Worte und Handlungen zu durchleuchten, werden wir immer freier in der unmittelbaren Aussendung der eigenen Absichten und erhalten so einen verschärften Blick für Manipulation und Interpretation, um diese dann abzulegen und auszufiltern. Wir entwickeln nach und nach einen messerscharfen Blick auf die eigentlichen Absichten anderer. Dies wird zu einem klaren Kommunikationskanal führen und immens zum Erwachen des Geistes mitwirken. Doch was wir dann erleben dürfen, ist erstaunlich und wird uns hin und wieder den Atem verschlagen.

Denn zu verstehen ist, dass die Wechselwirkung zwischen Gesendetem und Empfangenem in einem klaren Kommunikationskanal nicht nachlässt, sondern ebenso vorliegt. Dieselben Kräfte, die zuvor einen Teufelskreis erzeugten, herrschen immer noch, wirken jedoch nun in die entgegengesetzte Richtung. Es entsteht erneut eine Spirale, jedoch eine erfolgreiche. Eine Spirale, die uns voranbringt, weiterentwickeln und empor aufsteigen lässt.

Denn wenn wir unsere Absichten klar und ehrlich in die Außenwelt kommunizieren, so werden wir plötzlich auch nur klare und ehrliche Worte empfangen. Denn wie bereits erwähnt, die empfangene Botschaft wurde von der zuvor gesendeten bedingt und diese ist von der zuvor Empfangenen beeinflusst. Genau diesen Mechanismus lassen wir jetzt mit einem klaren Kommunikationskanal zu unseren Gunsten arbeiten. Die mächtigen Kräfte der Wechselwirkung, die zuvor den Geist im Sog hielten, lassen den Geist nun voller Druck hinaufsteigen, da wir unehrliche und manipulierende Menschen sofort durchblicken.

Die eigentlichen Absichten eines Menschen zu erkennen, bedeutet eine kraftvolle Ausfilterung. Menschen, die manipulieren oder unehrlich sind, werden voller Konsequenz auf Distanz gehalten. Da wir wissen, dass sie eine Bedrohung für unseren Geist darstellen. Wir möchten in unserem druckvollen Aufstieg bleiben und nicht wieder in den ziehenden Sog der Abwärtsspirale geraten. Andersherum werden auch wir ausgefiltert. Denn dadurch, dass wir immer ehrlich und unmittelbar unsere eigentliche Absicht kommunizieren, werden auch nur Menschen in unserer Nähe bleiben, die mit diesen einverstanden sind. Menschen, die unsere Absichten ablehnen, werden weggehen. Wohingegen Menschen, die unsere Absichten zulassen, die dazu bereit sind, uns das zu geben, was wir wollen, die werden unsere Ehrlichkeit schätzen und voller Respekt unsere Nähe suchen und in dieser auch bleiben wollen. Plötzlich wirst du feststellen, dass sich die gesamte Konstellation deiner Außenwelt verändert. Freunde,

Bekannte oder Familienmitglieder werden sich von dir und du dich von ihnen distanzieren. Andersherum tauchen plötzlich ganz neue Menschen in deinem Leben auf. Menschen, von denen du das Gefühl bekommst, verstanden zu werden, wie von keinem anderen zuvor. Menschen, die dir bereitwillig das geben, was du möchtest. Menschen, die kein Drama in deinem Leben verursachen, sondern mit dir in voller Harmonie sind. Die dich auf deinem Weg unterstützen und deinen Garten respektieren. Jedoch wirst du genauso bemerken, dass diese Menschen nicht nur in deiner Nähe sind, weil sie dir etwas zu geben haben. Denn du wirst feststellen, dass sie deine Ehrlichkeit und deinen erwachten Geist auch verdient haben, da es ebenfalls ehrliche und klar kommunizierende Menschen sein werden, denen auch du bereit bist, ihre Absichten zu erfüllen und auch sie auf ihrem Weg unterstützen wirst.

Das bestimmte Menschen gehen und andere kommen werden, wird weder Pech noch Glück sein. Botschaften, die du erhältst, und Ereignisse, die du erlebst, geschehen nicht zufällig. Du erfährst lediglich die Kraft der Wechselwirkung.

Also halte stets deinen Kommunikationskanal klar, befreie deinen Geist und lasse dich vom Druck empor und hinauf treiben.

5. Die energetische Kommunikationsebene

Durch einen klaren Kommunikationskanal können wir die Kräfte der Wechselwirkung zu unseren Gunsten nutzen.

Da wir verstanden haben, die richtigen Informationen senden zu müssen, um die richtigen empfangen zu können. Die Botschaften, die wir hinaussenden, erreichen andere Menschen und wir erkennen die Botschaften dieser. Daher haben wir gelernt, dass die Wechselwirkung entsprechende Menschen von uns distanzieren wird und andere wiederum heranlassen. Jedoch gilt es, Folgendes zu verstehen.

Die Informationen, die wir senden und empfangen, sind nicht auf Worte und Handlungen begrenzt. Denn Worte und Handlungen entspringen den ersten beiden Kommunikationsebenen und haben auf den ersten Blick nur Menschen als Empfänger. Jedoch entstammen die wertvollsten Informationen der dritten Ebene. Wir kommunizieren nämlich auch auf der energetischen Kommunikationsebene. Dies tun wir permanent, wir stehen in einem ständigen Austausch von Informationen aus der energetischen Kommunikationsebene. Doch wie bereits zuvor erwähnt, ist es nur einem absolut erwachten Geist, dessen Kommunikationskanal vollständig klar ist, möglich, diese Informationen zu erblicken. Informationen der dritten Ebene können weder gesagt und getan werden noch gehört und gesehen. Die Informationen der verbalen Kommunikationsebene und die der Handlungsebene bilden nur einen Bruchteil der Gesamtheit aller Informationen, über die wir kommunizieren. Ein erwachter Geist mit klarem Kommunikationskanal, der die Botschaften aus den ersten beiden Ebenen bereits erblickt, in Erstaunen verfällt und das gesamte Leben anfängt neu zu überdenken, der blickt gerade einmal auf die Spitze des Eisbergs.

Denn die ersten beiden Ebenen stellen nur einen kleinen Teil der Gesamtheit dar. Die bis zu diesem Zeitpunkt bekannte Wechselwirkung ist nur ein kleines Rad eines großen Uhrwerks. Das Uhrwerk der Gesamtheit besteht in einer unendlichen Anzahl von Wechselwirkungen, die wohl ein einfacher Mensch niemals vermag, in seiner gesamten Fülle je zu verstehen.

Die Gesamtheit ist wie ein gigantisches Uhrwerk zu betrachten. Innerhalb dieses Uhrwerks herrschen Kräfte. Diese Kräfte sind energetische Mechanismen und bilden die sogenannten Wechselwirkungen. Jede einzelne Wechselwirkung stellt ein Rad innerhalb dieses Uhrwerks dar. Zu verstehen ist auch, dass die einzelnen Wechselwirkungen wiederum sich gegenseitig bedingen und voneinander abgegrenzte Dimensionen von Wechselwirkungen bilden. Die Gesamtheit aller Wechselwirkungen ergeben das Uhrwerk und bringen es zum Laufen.

Die Physik kennt die vier fundamentalen Wechselwirkungen Gravitation, Elektromagnetismus, schwache Wechselwirkung und starke Wechselwirkung. Diese vier Grundkräfte der Physik erzeugen alle uns bekannten physikalischen Prozesse. Es bedarf keiner weiterer Wechselwirkung, um die uns bekannte Gesamtheit aller Prozesse der Natur auf der Erde, in Sternen und im Weltraum zu beschreiben. Die vier fundamentalen Wechselwirkungen der Physik sind jedoch auch nur vier Räder innerhalb des Uhrwerks, die eine eigene Dimension bilden und mit denen sich lediglich alle physikalischen Prozesse beschreiben lassen. Wir müssen verstehen, dass der menschliche, physische Körper der physikalischen Dimension zugehörig ist und auch nur dessen Wechselwirkungen wahrnehmen kann, also die vier Grundkräfte der Physik.

Wohingegen der Geist eben nicht physischer Natur und daher einer anderen Dimension zugehörig ist. Nicht unser Geist nimmt die vier Grundkräfte der Physik wahr, dies vermag nur unsere Physis, also das Hirn, die Augen, unsere Hände, eben der gesamte menschliche Körper. Der Geist jedoch ist kein Teil der Physis und unterliegt daher anderen Wechselwirkungen.

Körper und Geist befinden sich in zwei verschiedenen Dimensionen. Wenn wir einen Hang runterstürzen und wegen des Aufpralls dabei sterben, so ist der Körper einem der vier physikalischen Wechselwirkungen, nämlich der Gravitation, zum Verhängnis geworden. Diese Wechselwirkung der Gravitation wirkt sich jedoch nur auf den Körper aus. Der Geist unterliegt nicht den Kräften der Gravitation, da dieser sich nicht in dessen Dimension befindet und daher bei dem Aufprall auch nur der Körper sterben kann. Denn der Geist kennt weder Raum noch Zeit noch Leben noch Sterben. Da der Geist einer anderen Dimension zugehörig ist, kann dieser ganz andere Wechselwirkungen „wahrnehmen". Jedoch sind die Wechselwirkungen, dem der Geist unterliegt, nicht innerhalb der physischen Dimension und können daher weder gesehen, gehört oder verstanden werden. Genauso wenig wie der Geist sterben kann, vermag es das Gehirn, den Geist zu verstehen. Doch zu verstehen ist, dass der Geist der energetischen Dimension zugehörig ist und daher auf der energetischen Kommunikationsebene kommuniziert.

Jede Dimension ist wie eine eigene Welt mit eigenen Gesetzmäßigkeiten zu betrachten. Die Gesetzmäßigkeiten sind die Wechselwirkungen, die eine bestimmte Dimension bilden und alle Dimensionen zusammen ergeben die Gesamtheit, das Uhrwerk.

Daher ist zu verstehen, dass unsere wahrnehmbare Außenwelt, bestehend aus Menschen, Tieren, Pflanzen, Natur, Erde, Planeten, Sternen, Galaxien, also das gesamte Universum, gerade einmal nur eine Dimension bildet. Nämlich die physikalische Dimension, und diese ist nur ein Teil der Gesamtheit, also des Uhrwerks. Die energetische Dimension, bestehend aus ihren eigenen Wechselwirkungen, stellt eine eigene Dimension dar, die parallel zur physikalischen existiert und ebenfalls nur ein Teil innerhalb des Uhrwerks ist. Die Dimensionen sind voneinander abgegrenzt und können nicht überquert werden. Der Geist existiert nicht in der physikalischen Welt und der Körper kann die energetische nicht wahrnehmen. Aus diesem Grund kann auch nur innerhalb der jeweiligen Dimension kommuniziert werden. Unsere Physis, der menschliche Körper, vermag es lediglich, nur mit ihrer wahrnehmbaren Außenwelt zu kommunizieren.

Der Geist hingegen kann nur innerhalb der energetischen Kommunikationsebene kommunizieren.

Wenn wir unser Smartphone nehmen, aus der Kontaktliste die Nummer eines Freundes auswählen, ihn anrufen und uns mit ihm unterhalten, haben wir innerhalb der physikalischen Dimension kommuniziert. Jeder einzelne Prozess, der stattgefunden hat, das Greifen des Smartphones, die Übertragung der Schwingungen, die Umwandlung der Tonsignale, bis hin zur akustischen Wahrnehmung des Gesprächs, ist mit den vier fundamentalen physikalischen Wechselwirkungen zu beschreiben.

Wenn wir hingegen wie „aus heiterem Himmel" an ein schönes Ereignis mit einer früheren Bekanntschaft denken, wir aber schon seit Jahren keinen Kontakt zu dieser Person hatten und dann kurze Zeit später „zufällig" auf diesen Menschen stoßen, hat unser Geist auf der energetischen Kommunikationsebene innerhalb der energetischen Dimension kommuniziert.
Wörter wie „Zufall", „Glück" oder „Pech" bilden lediglich die Grenzen der physikalischen Dimension, da es der Verstand, der physischer Natur ist, nicht vermag, die Wechselwirkungen der energetischen Kommunikationsebene überhaupt wahrzunehmen. Das bedeutet aber nicht, dass sie nicht vorhanden sind und ihre Kräfte nicht permanent wirken. Es gibt weder Zufälle, Glück noch Pech. Diese Worte beschreiben nur einen bestimmten Zustand, der innerhalb der physikalischen

Dimension entstanden ist, dessen Entstehung jedoch unerklärlich erscheint. Doch sind auch diese Zustände auf Grund einer bestimmten Ordnung entstanden, nämlich als Wechselwirkungen der energetischen Dimension.

Eine Kommunikation zwischen den Dimensionen ist zwar nicht möglich, jedoch können die Wechselwirkungen der energetischen Dimension die physikalischen Prozesse beeinflussen und andersherum genauso. Diese gegenseitige Beeinflussung ist möglich, da selbst die einzelnen Dimensionen in einer Wechselwirkung zueinander stehen. Daher gilt zu verstehen, dass alles alles bedingt. Jede Wechselwirkung steht in einer Wechselwirkung zu allen anderen Wechselwirkungen. Manche mittelbar und manche eben unmittelbar.
Geist und Körper befinden sich in verschiedenen Dimensionen, können daher nicht miteinander kommunizieren, jedoch sich gegenseitig beeinflussen, da die Dimensionen in einer Wechselwirkung zueinander stehen.

Wenn ich meinem Körper durch eine schlechte Ernährung, wenig Bewegung oder dem Konsum von Drogen Schaden zufüge, wird das ebenfalls Auswirkungen auf meinen Geist haben. Denn mein Geisteszustand wird sich verändern, die Kraft des Geistes nachlassen und die Wechselwirkungen der energetischen Dimension dahingehend beeinflussen, dass dieses negative Verhalten gefördert wird.

Halte ich hingegen meinen Geist klar, verstehe die Mechanismen der Wechselwirkung und fokussiere mich auf ein bestimmtes Ziel, wird dies ebenfalls Auswirkungen auf meine Wahrnehmung, also auf mein Leben, haben. Ich werde auf entsprechende Menschen stoßen, bestimmte Gelegenheiten bekommen und neue Türen werden sich mir öffnen. All die Dinge, die rückwirkend einen Weg vermeintlichen Zufalls und Glücks kennzeichneten.

Wie wir innerhalb der physikalischen Dimension kommunizieren, ist verständlich, nämlich über unsere Worte und Taten. Wie kommunizieren wir jedoch auf der energetischen Kommunikationsebene?

Die Kommunikation innerhalb der energetischen Dimension ist nicht mit der physikalischen zu vergleichen. Es werden nicht einzelne Informationen gesendet und empfangen, die wir hören, sehen oder verstehen könnten. Auf der energetischen Kommunikationsebene findet die Kommunikation ausschließlich durch Identifikation statt. Dies ist keine Kommunikation des Sendens und Empfangens, sondern eine der Zunahme und Abnahme. In der physikalischen Dimension kann jede beliebige Information von jedem beliebigen Sender an jeden beliebigen Empfänger übermittelt werden. In der energetischen Dimension werden keine Informationen übermittelt, es geht lediglich um die Deckungsgleichheit der Energien. Der Geist ist ein Energiefeld, das sich im ständigen Wandel befindet und somit den aktuellen Geisteszustand darstellt. Die Energie des Geistes heute ist eine andere als sie es gestern noch war. Denn das

Energiefeld wird vom Drang des Wandels beherrscht. Der Geist kann nicht konstant bleiben. Entweder nimmt die Spannung des Energiefeldes zu oder sie baut ab. Die Wechselwirkungen der energetischen Dimension wirken in Abhängigkeit des Energiefeldes, also dem aktuellen Geisteszustand.

Eines der Wechselwirkungen der energetischen Dimension stellt einen umgekehrten Elektromagnetismus dar. Diese Wechselwirkung bewirkt, dass an Spannung zunehmende Energiefelder sich gegenseitig anziehen und die an Spannung abnehmenden Energiefelder sich ebenfalls gegenseitig anziehen. Wohingegen an Spannung zunehmende und an Spannung abnehmende Energiefelder sich abstoßen. Somit entstehen innerhalb der energetischen Dimension zwei herrschende Kräfte, die der positiven Ladung und die der negativen Ladung, die sich beide kontinuierlich ausdehnen.

Diese soeben beschriebene Wechselwirkung des umgekehrten Elektromagnetismus steht in einer Wechselwirkung zum Elektromagnetismus der physikalischen Dimension. In der physikalischen Dimension ziehen sich Körper, die eine positive und negative Ladung haben, auf unendliche Entfernung gegenseitig an. Die gesamte Physis mit all ihren Funktionen, von der Muskelkontraktion über die Informationsübertragung des Nervensystems bis hin zum Denkvermögen des Gehirns beruht auf Veränderungen der elektrischen Spannung.

Es muss verstanden werden, dass unsere mentale Haltung, die physischer Natur ist, sowohl positiv als auch negativ geladen ist. Die positive Ladung stellt dar, was ein Mensch bereit ist zu geben, und die negative Ladung das, was ein Mensch will. Jeder Mensch ist auf diese zwei energetischen Ladungen herunter zu brechen, auf das, was wir **geben** und das, was wir **wollen**. Aus diesem Grund gilt es zu begreifen, dass alles, was wir in unserer physischen Welt erleben, dieser elektromagnetischen Kraft unterliegt. Menschen, die im Leben aufeinandertreffen, ziehen sich in diesem Augenblick elektromagnetisch an. Denn das, was der eine bereit ist zu geben, stellt den Willen des anderen dar, und andersherum genauso. Distanzieren sich zwei Menschen voneinander, so stoßen sich ihre elektrischen Ladungen gegenseitig ab, da das, was gegeben werden kann, und das, was gewollt wird, nicht mehr miteinander harmoniert.

Der entscheidende Punkt jedoch ist folgender. Wie bereits erwähnt stehen die zwei Dimensionen in einer Wechselwirkung zueinander. Wenn also die Spannung des Energiefeldes unseres Geistes sich in der energetischen Dimension ausdehnt und von deckungsgleichen Energiefeldern angezogen wird, so wirkt sich dies auf die elektromagnetische Ladung unserer mentalen Einstellung in der physischen Dimension aus.

Ein immer klarer werdender Geist erhöht die Spannung seines Energiefeldes und ein immer weiter abdriftender Geist vermindert sie. Jedoch bewirken beide Energiefelder durch die Wechselwirkung der Dimensionen die elektromagnetische Anziehung innerhalb der physischen Dimension.

Ein Mensch absolut erwachten Geistes, der in voller Klarheit lebt, erzeugt dieselbe starke **Anziehungskraft** wie ein Mensch, dessen Geist komplett abgedriftet ist und der in voller Dunkelheit lebt. Denn diese zwei unterschiedlichen Anziehungskräfte stellen die zwei Mächte der energetischen Dimension dar, nämlich die der positiv geladenen und die der negativ geladenen.

Ein Mensch klaren Geistes wird in der physischen Dimension alles bekommen und erreichen, was er will. Dies hängt weder von „Zufall" noch von „Glück" ab. Es ist eine unausweichliche Gesetzmäßigkeit und beruht auf **Magnetismus**. Die entscheidenden Wege werden sich von allein aufzeigen. Die falschen Türen werden verschlossen bleiben und die richtigen sich öffnen, aufhaltende Menschen sich distanzieren und voranbringende sich annähern. Dies alles ist einzig und allein abhängig vom Geisteszustand und dessen magnetischer Kraft. Ein klarer Geist ist sich all dem bewusst. Daher fürchtet dieser nichts und empfängt voller Vorfreude alles. Er weiß, dass selbst negative Geschehnisse nur vermeintlich welche sind und rückwirkend betrachtet deren voranbringende Kraft ersichtlich sein wird. Ein klarer Geist lässt sich einfach nur in Richtung seiner Ziele treiben.

Der abgedriftete Geist bekommt in der physischen Dimension alles Gewollte im selben Maße. Da dessen magnetische Anziehungskraft dieselbe Stärke aufweist. Allerdings unterscheidet sich eben das Gewollte von dem eines klaren Geistes. Die Lage des abdriftenden Geistes wird sich permanent verschlechtern. Er trifft auf boshafte Menschen, und negative Ereignisse stellen sich auch rückwirkend betrachtet als nachhaltige Verschlechterung des Lebens dar. Andersherum ist selbst in scheinbar positiven Ereignissen rückwirkend sogar ein Abstieg zu erkennen. Ein abdriftender Geist befindet sich in kontinuierlicher Abnahme und unterliegt dem Zerfall des Lebens.

Alles, was uns zum jetzigen Zeitpunkt umgibt, die Menschen in unserer Nähe, das was wir besitzen und die Ereignisse, die wir erleben, sind lediglich ein Resultat der magnetischen Anziehungskraft unseres Geisteszustandes. Dieser ist jedoch nicht konstant. Der Geist kann die Spannung des Energiefeldes erhöhen, aber auch genauso senken. Ein abgedrifteter Geist besitzt zu jeder Zeit die Fähigkeit, seine Spannung nach und nach wieder zu erhöhen und sogar zu einem Geist voller Klarheit zu werden. Dies geht jedoch in umgekehrter Weise im selben Maße. Ein Geist voller Klarheit, der sich um seine Aufrechterhaltung nicht bemüht, wird nach und nach an Spannung verlieren und kann sogar zu einem Geist der vollen Dunkelheit werden.

Spätestens jetzt sollte deutlich geworden sein, wie wichtig es ist, sich darüber im Klaren zu sein, was gewollt wird und dieses auch zu kommunizieren. Bemühe dich um das Erwachen deines Geistes. Strebe nach absoluter Klarheit und fokussiere deine Ziele. Du wirst sehen, welch ehrfürchtige Kraft dem Elektromagnetismus innewohnt, und du wirst die Schönheit des Sich-treiben-lassens und des Empfangens zu spüren bekommen.

Kapitel IV - Mit den Gezeiten gehen

Wir haben also die Funktion und die Macht des Geistes verstanden. Wir haben begriffen, wie entscheidend die Klarheit des Geistes für die Erreichung unserer Ziele ist und sind uns im Klaren darüber, der elektromagnetischen Anziehungskraft zu unterliegen. Doch nun gilt es auch zu verstehen, wie sich diese Kräfte tatsächlich im Leben auswirken können und in welcher Gestalt sie uns begegnen. Denn ein klarer Geist ist ein kontinuierlicher Prozess und wenn wir nicht begreifen, wie das Leben spielt, so wird es uns nicht möglich sein, die Klarheit zu bewahren. Wir werden schneller als wir gucken können den erwachten Geisteszustand verlieren und uns den entgegengesetzten Kräften hingeben.

Unsere physische Welt ist wundervoll und in ihrer Schönheit nicht in Worte zu fassen. Die Eindrücke, die sie uns ermöglicht, scheinen grenzenlos zu sein. Von der Liebe, die wir spüren dürfen, bis hin zur Glückseligkeit, die in einem einzigen Augenblick jede Form des eigenen Seins in die Unendlichkeit münden lässt. Diese Welt, die uns mit der Eleganz eines einzigen Vogelflugs in Erstaunen versetzt und gleichsam paralysiert und deren mächtige Natur mit den Tiefen der Meere und den Höhen der Berge uns demütig werden lässt und uns unserer Arroganz beraubt. Doch wir wissen alle um das Vorhandensein ihrer Bipolarität. Keine Wärme ohne Kälte und kein Glück ohne Leid. Eine Welt der Zweipoligkeit, diese Welt, in der wir leben dürfen, aber zugleich auch sterben müssen. Eine

Welt der positiven und negativen Ladungen, in der die Menschen geben und nehmen, von denen manche stark und andere schwach sind. Doch nichts in dieser Welt ist weder gut oder schlecht noch schön oder grausam. Dies sind lediglich Empfindungen eines einzelnen Menschen.

Wir empfinden keine Trauer bei dem Tod eines uns unbekannten Menschen, während er für ein paar Einzelne das größte Leid auf Erden darstellt. Wir empfinden kein Glück bei der Geburt eines uns unbekannten Kindes, während es für zwei bestimmte Menschen das größte Glück auf Erden ist. Jeder Einzelne macht seine Welt zu dem, was sie ist. Das bedeutet auch, dass jeder Einzelne seine Welt so sehen kann, wie er sie sehen möchte. Wir selbst entscheiden, was groß oder klein ist, was schön oder grausam und was Glück oder Leid bedeuten. Die Welt, die wir erleben, ist nicht einfach ein Ort, an dem alles willkürlich auf uns einprasselt. Einen solchen Blick auf das Leben vermag nur der nicht erwachte Geist zu werfen. Der erwachte Geist hingegen erblickt nicht nur die Botschaften der Menschen, sondern selbst die des Lebens. Denn unsere wahrgenommene Außenwelt unterliegt den von unserem Geist ausgelösten Wechselwirkungen. Die Welt, die wir erblicken und fühlen, ist nur eine Projektion des Energiefelds unseres Geistes. Möchten wir die wahrnehmbare Außenwelt ändern, so geschieht dies stets über das Energiefeld des Geistes.

Zu verstehen gilt, dass nicht die Beschaffenheit eines Ereignisses in der Außenwelt die zugehörige Empfindung des Menschen hervorruft, sondern die Beschaffenheit des Geisteszustands das zugehörige Ereignis entstehen lässt.

Die Empfindungen eines nicht erwachten Geistes stellen eine illusionierte Reaktion auf die Ereignisse der Außenwelt dar. Wohingegen die Empfindung eines erwachten Geistes den Schöpfer seiner Außenwelt darstellt. Die Auflösung dieser Illusion ist nicht nur für die Erlangung der Klarheit unerlässlich, sondern insbesondere für dessen Aufrechterhaltung. Denn einen klaren Geist zu bewahren, während das Leben uns mit einem Meer voller Rosenblüten begegnet, gelingt selbst dem Unwissenden mühelos.

Die Kunst des klaren Geistes zeigt sich in anhaltender Lebenslust, selbst unter steinigem Hagel. Das Erwachen des Geistes ist bereits ein bedeutsamer Schritt, jedoch bedeutungslos angesichts des ganzen Wegs. Denn die Schwierigkeit liegt nicht im Erwachen, sondern im erwacht bleiben. In der permanenten Aufrechterhaltung eines klaren Geistes, unabhängig der sich ergebenden Lebenslagen. Es muss verstanden werden, dass die Erlangung eines klaren Geistes keineswegs zur Bedeutung hat, künftig nur auf sanftem Boden dahinzugleiten. Das gegenteilige ist nämlich der Fall. Der Weg des klaren Geistes ist nicht nur ein steiniger Weg, sondern einer auf dem nach jedem getanen Schritt einem ein noch größerer Stein bevorsteht. Umso weiter wir uns in Richtung Klarheit bewegen, desto herausfordernder wird ihre Aufrechterhaltung. Dies liegt an der zunehmenden energetischen Spannung des Energiefelds unseres Geistes. Wir werden anfangen, enorme magnetische Anziehungskraft zu erzeugen, Deren Kraft so mächtig werden kann, dass sie manchmal schon fast surreal erscheint. Daher wird es mit zunehmender Anziehungskraft umso bedeutsamer, die absolute Kontrolle über die gewollten Dinge zu behalten. Denn ab einer bestimmten Spannungshöhe, die unser Geist erreicht, wirken die Wechselwirkungen so kräftig, dass beinahe jeder Gedanke uns in der Außenwelt zu begegnen scheint und dies manchmal in einer solchen Schnelligkeit, die uns selbst beinahe das Gefühl von Raum und Zeit verlieren lässt.

Jedoch ist es eben genau diese immer stärker werdende magnetische Anziehungskraft, die auch einen immer größer werdenden Stein auf dem Weg der Klarheit hervorbringt. Wir müssen verstehen, dass die physische Welt kein Gut und Schlecht oder Glück und Leid kennt. Es muss begriffen werden, dass alles, was uns begegnet, aus der Kraft der elektromagnetischen Anziehung heraus passiert. Wir erleben Menschen und Ereignisse nicht, weil die physische Welt uns einen Gefallen tut oder gar Schlechtes will. Denn die Außenwelt kennt nun mal nur die vier fundamentalen Wechselwirkungen und macht sich eher weniger Gedanken über den Gemütszustand eines Individuums.

Wenn wir also einen erwachten Geisteszustand erlangen, diesen aufrechterhalten und ein bestimmtes Ziel fokussieren, dann lösen wir die Wechselwirkungen aus, und die elektromagnetische Anziehungskraft kann nicht anders, als uns das zu geben, was wir wollen. Die Anziehungskraft wird unsere eigene Stellung im Kosmos neu platzieren und in Richtung des gewollten Ziels ziehen. Jedoch wird die elektromagnetische Anziehungskraft ihre

Kräfte nicht unter Beachtung menschlicher Empfindungen wirken lassen. Es wird stets ungewiss bleiben, welch Ausmaß die Anziehung mit sich bringen wird. Wir werden nicht wissen, welch vermeintliche Katastrophen wir durchleben müssen, um uns von der Anziehung fortlaufend ziehen zu lassen. Die elektromagnetische Anziehungskraft interessiert es eher weniger, uns einen schönen Anziehungsweg zu verschaffen, sie wirkt lediglich ihre Kraft aus.

Dies ist wohl eines der entscheidendsten Erkenntnisse zur Erlangung der Klarheit. Denn nur diese Erkenntnis lässt uns vor nichts zurückschrecken und auf dem richtigen Weg in Richtung des Ziels bleiben. Es ist nicht unsere Aufgabe, den Grund bestimmter Ereignisse oder uns begegnender Menschen zu hinterfragen. Wir müssen nur verstehen, dass es ein Teil des Wegs ist und es uns einen Schritt näher in Richtung des Ziels bringt, völlig unabhängig davon, wie katastrophal oder dramatisch etwas zu scheinen mag. Wir haben nur eine einzige Aufgabe, nämlich unseren Geist klar zu halten. Schaffen wir es, ungeachtet dessen, was uns begegnet, einen klaren Geist zu bewahren, werden wir, so unausweichlich wie die Kraft der elektromagnetischen Anziehung nun mal ist, jedes Ziel erreichen. Rückwirkend wird uns der Zweck jedes Ereignisses und jeder Begegnung mit einem Menschen ersichtlich werden. Selbst in der scheinbar schlimmsten Lebenslage, die wir durchleben mussten, werden wir rückwirkend betrachtet den Sinn und Nutzen erkennen.

Wir werden sehen können, wie die einzelnen Erlebnisse und Menschen uns in Richtung des Ziels getragen haben.

Doch sollten wir stattdessen kein Vertrauen in die Kraft einer fundamentalen Wechselwirkung haben und uns von bestimmten Ereignissen einschüchtern lassen,
sollten wir von unserem erwachten Geisteszustand abdriften und den Fokus von unseren Zielen verlieren, so werden die Kräfte der Wechselwirkungen nicht mehr zu unseren Gunsten wirken. Jedoch wird die Kraft der elektromagnetischen Anziehung dennoch da sein, die unsere Stellung im Kosmos bestimmt. Allerdings werden wir dann auf vermeintlich ungewollte Ziele zusteuern.

Wenn ein klarer Geist erlangt wurde, so ist Vertrauen in den Prozess zu entwickeln. Den Aufprall eines Glases, das wir aus der Hand fallen lassen, bezweifeln wir nicht, da wir niemals die Wechselwirkung der Gravitationskraft bezweifeln würden. Genauso wenig ist an der elektromagnetischen Anziehungskraft zu zweifeln. Das Einzige, was den Aufprall des Glases verhindern könnte, wären wir selbst. Denn die Wechselwirkungen sind ziemlich zuverlässig, wenn es um ihre Arbeit geht. Sie erledigen ihre Aufgaben schon seit einigen Milliarden von Jahren ununterbrochen und nehmen ihre Aufgaben ziemlich ernst. Von daher: Sollte an deren Kräfte gezweifelt werden, bitte ich um etwas mehr Respekt.

Der klare Geist hinterfragt nicht und wehrt sich nicht, er geht stets mit den Gezeiten. Wir müssen lernen, uns treiben zu lassen. Jede Situation, die uns begegnet, egal wie schön oder schrecklich sie scheinen mag, ist vom selben Wert für uns. Wir wehren uns nicht und trauern auch nicht nach. Alles Bevorstehende wird mit offenen Armen empfangen, da wir uns über dessen Bedeutung im Klaren sind. Wir müssen lernen, alles hinnehmen zu können. Wenn uns das Leben ruckartig eine Tür verschließt, dann erkennen wir die Botschaft und versuchen sie nicht aufzubrechen. Eine Tür, die uns überraschend aufgeschlossen wird, durch die gehen wir hindurch. Wir fragen uns nicht, ob wir es sollten oder könnten, wir machen es einfach. Menschen, die uns verlassen und nicht mehr mit uns gehen möchten, die halten wir nicht fest. Wir lassen sie gehen. Wohingegen wir Menschen, die unsere Nähe suchen und mit uns sein wollen, nicht den Weg versperren. Sie dürfen in unser Leben hineintreten. Wenn ein Gefühl uns plötzlich übermannt, etwas Bestimmtes zu tun oder an einen bestimmten Ort zu gehen, dann folgen wir diesem Gefühl. Wenn uns das scheinbar Kostbarste genommen wird, so lassen wir es gehen. In einem Ereignis, das unser Leben komplett durcheinander würfelt, erkennen wir die neue Ordnung. In der Lebenslage, die uns Schmerz hinzufügen will, fokussieren wir uns auf die daraus resultierende Erfahrung und sind dankbar über die neu erlangte Stärke.

Doch all dies tun wir nur mit einem klaren Geist. Jede Situation und jeder Mensch müssen mit unserem klaren Geist vereinbar sein. Denn nur der Geisteszustand bestimmt, von was wir angezogen werden. Sollte eine

Situation oder ein Mensch die Klarheit unseres Geistes abdriften lassen oder den Fokus auf unsere Ziele entschärfen, so sind wir nicht mehr länger auf Kurs und die Gezeiten haben uns dominiert. Doch vom Weg abzukommen ist nicht weiter schlimm, denn alles muss erst einmal erlernt werden. Viel Schlimmer ist es, den Weg nicht erneut aufzunehmen. Wir alle wissen ganz genau, so wunderschön, wie das Leben auch sein mag, es ist im selben Maße an Leid nicht zu übertreffen. Die ständige Aufrechterhaltung eines klaren Geistes zu allen Gezeiten ist herausfordernd, aber dennoch möglich. Sollten wir an etwas scheitern und bemerken, die Klarheit des Geistes zu verlieren, so versuchen wir wieder zu uns zu finden, wieder Klarheit zu erlangen, um dann noch stärker durch die Kraft der Wechselwirkungen wieder Kurs aufnehmen zu können.

Kapitel V - Der Rahmen

Wir haben verstanden, dass ein Erwachen des Geistes zwar einen bedeutsamen Schritt darstellt, die tatsächliche Kunst jedoch in der Aufrechterhaltung des klaren Geistes besteht. Wir haben gelernt, den Kräften der Wechselwirkungen zu vertrauen und uns von der elektromagnetischen Anziehungskraft in Richtung des Ziels ziehen zu lassen. In den Gegebenheiten des Lebens sind wir bereit, stets den Weg zu sehen, da wir begriffen haben, dass die elektromagnetische Anziehung unsere Position im Kosmos bestimmt. Doch wir sind uns auch über ein allzeit mögliches Abdriften des Geistes im Klaren und über die Herausforderung einer ständigen Aufrechterhaltung der Klarheit bewusst. Um den von der elektromagnetischen Anziehungskraft ausgelösten Gezeiten standzuhalten, also die Klarheit des Geistes zu bewahren, muss die Bedeutung und Funktion des „Rahmens" verstanden werden. Denn der Rahmen ist es, der unseren Geist klar hält oder abdriften lässt.

Wie zuvor erwähnt, ist es jedem selbst überlassen, wie auf die Außenwelt geblickt wird. Jedem Individuum steht die Freiheit zu, die Außenwelt durch die selbst festgelegten **Werte, Definitionen und Empfindungen** zu betrachten. Daher ist zu verstehen, dass jeder Mensch die Außenwelt auf seine eigene, individuelle Art und Weise erblickt und auch wahrnimmt. Dieser Blick auf die Außenwelt, der durch die eigene **Kalibrierung** bestimmt ist, bildet den sogenannten **Rahmen**. Jeder Mensch auf dieser Welt hat seinen eigenen Rahmen. Genauso einzigartig wie der Fingerabdruck des Menschen ist auch dessen Blick auf die Außenwelt. Völlig egal, wie übereinstimmend auch die Werte, Definitionen und Empfindungen zweier Menschen auch sein mögen, beide erblicken die Außenwelt durch ihren eigenen einzigartigen Rahmen. Für einen absolut identischen Rahmen zweier Menschen müssten beide exakt das identische Leben geführt haben und dies von der ersten Sekunde an bis zur Gegenwart. Denn unsere individuellen Werte, Definitionen und Empfindungen, die den Rahmen bilden, werden von zwei Faktoren bestimmt. Zum einen durch alle vom ersten Tag an erlebten Erfahrungen und zum anderen von dem, was wir wissen. Die Zusammenfügung aus **Erfahrung** und **Wissen** bestimmt unsere Werte, Definitionen und Empfindungen. Diese wiederum bilden den eigenen Blick auf die Außenwelt, den Rahmen.

Somit wird im selben Zug klar, dass der Rahmen keine Konstante ist. Der Blick auf die Außenwelt ist in diesem Moment ein anderer, als er es vielleicht noch vor ein paar Minuten war. Dem Rahmen ist es nicht möglich, konstant zu bleiben, da der Blick auf die Außenwelt lediglich eine Projektion des Energiefeldes unseres Geistes darstellt; und wir haben gelernt, dass dieser dem Drang des Wandels unterliegt. Die Spannung des Energiefeldes ist in diesem Moment eine andere, als vielleicht noch vor ein paar Minuten …

Für die Aufrechterhaltung des klaren Geistes, also dem Standhalten der Gezeiten des Lebens, muss zum einen der

Rahmen stetig erweitert und zum anderen der Rahmen permanent beschützt werden.

1.) Den Rahmen erweitern

Wir wissen nun, dass die Zusammenfügung aus dem, was wir erleben, und dem, was wir wissen, unsere Werte, Definitionen und Empfindungen bestimmt und diese den Blick auf die Außenwelt, den Rahmen bilden. Zugleich haben wir verstanden, dass die Aufrechterhaltung des klaren Geistes ein **kontinuierlicher Prozess** ist. Da wir permanent den Gezeiten des Lebens ausgesetzt sind und diesen standhalten müssen. Die dafür erforderliche Widerstandskraft wiederum ergibt sich aus der kontinuierlichen **Erweiterung** und **Beschützung** des Rahmens.

Ein Mensch der viel weiß, aber wenig erlebt, der weiß nichts und ein Mensch der viel erlebt, aber wenig weiß, der erlebt nichts.

Nur viel zu wissen oder nur viel zu erleben ist frei von Wert. Denn erst die Verbindung zwischen dem Erlebten und dem Wissen schafft eine Symbiose. Eine Vervollständigung und der damit einhergehende Nutzen finden erst statt, wenn das Erlernte auch erfahren oder das bereits Erfahrene durch Wissen ergänzt wird. Denn die dadurch entstehende Verbindung lässt erst eine Ableitung zu, durch die unsere Werte, Definitionen und Empfindungen neu kalibriert werden kann. Nach genau dieser neuen Kalibrierung müssen wir stets streben. Die Kalibrierung stellt die Optimierung unserer Werte, Definitionen und Empfindungen dar. Diesen Prozess der Kalibrierung durchlebeben die meisten Menschen unbewusst. Denn blicken wir zurück auf die Person, die wir vor 10, 5 oder sogar noch vor einem Jahr waren, so werden wir lediglich auf ein abgelegtes Schuppenkleid blicken. Das eigene frühere „Ich" ist eine uns fremde Person. Dies liegt nicht daran, dass wir etwa früher jemand anderes waren, sondern beruht auf der anderen Kalibrierung heute. Denn die Erfahrungen, die wir machten, und das Wissen, welches wir uns aneigneten, führten zu der momentanen Kalibrierung unserer Werte, Definitionen und Empfindungen. Das lässt uns eben unsere Außenwelt heute anders erblicken, da wir im Vergleich zu früher einen erweiterten Rahmen besitzen.

Blicken wir auf die Person, die wir letzte Woche noch waren, so wird uns dieser Mensch wohl kaum besonders fremd erscheinen. Zu glauben, dies hätte was mit der zeitlichen Distanz zu tun, ist ein Irrglaube. Nicht die Zeit kann uns kalibrieren, sondern die Verbindung zwischen Erfahrung und Wissen. Blickt ein Mensch innerhalb seiner Jugendjahre auch auf nur kurze zeitliche Distanzen zurück, so kommt ihm das eigene frühere Selbst stets gravierend fremd vor, da eben in der Lebensphase zwischen Kindheit und Erwachsensein neue Erfahrungen und neues Wissen auf einen nur so einprasseln.

Erlebe ich heute etwas Einschneidendes und stark Prägendes, so wird mein morgiges „Ich", das zurückblickt, auf eine fremde Person schauen.

Der klare Geist wartet nicht darauf, dass erst ihm begegnende Umstände und zufällig aufgeschnapptes Wissen ihn neu kalibrieren. Der klare Geist ist stets bemüht, **neue Erfahrungen** zu machen und sich **neues Wissen** anzueignen. Er ist aktiv und begehrt neue Erfahrungen. Er möchte sehen, erleben und fühlen. Vor nichts schreckt er zurück, außer vor der eigenen Unerfahrenheit. Es ist ihm egal, ob er etwas kann oder nicht, er wirft sich voller Enthusiasmus hinein in das ihm Unbekannte. Ein klarer Geist überdenkt die Dinge nicht tot. Seine Gedanken sind prägnant und die Bereitschaft unendlich. Nichts empfängt er mit mehr Vorfreude als die Probleme und Krisen des Lebens. Wohingegen seine Missachtung nur der Resignation gilt. Der klare Geist diskreditiert nichts und niemanden aus Gründen der eigenen Unerfahrenheit oder eines nicht möglichen Nachempfindens. Er ist sich seiner Stärken bewusst, doch an seinen Schwächen arbeitet er. Doch mit einer Bereitschaft im selben Maße ist er ein unermüdlicher Schüler, dessen Verlangen nach Wissen unstillbar scheint. Jedoch entspringt seinem Wissen niemals Anmaßung, da er sich über dessen Vergänglichkeit bewusst ist. Der klare Geist überprüft sein Wissen auf dessen Aktualität. Er ist wissbegierig und respektiert den aktuellen Stand der Wissenschaft. Mit voller Begeisterung empfängt er jede Lehre. Er versucht in allen Bereichen bewandert zu sein. Der klare Geist kann sich sowohl über Kunst, Literatur und Philosophie unterhalten als auch über Technik, Sport und Kultur. Er gibt sich der politischen Debatte in gleicher

Leidenschaft hin wie der über ein bestimmtes Sportereignis. Seine Weltoffenheit zeichnet ihn aus und er erkundet stets neue Orte. Erkennt er seine Unkenntnis in einer Sache, so wird diese nicht überspielt, stattdessen fragt er nach. Er besitzt die Fähigkeit, sich als Unwissender zurückzuziehen und als Meister des Fachs wieder aufzutreten. Sollte er stagnieren oder selbst nicht weiterwissen, so hat er Eingeständnis und sucht sich Hilfe. Vor Versagen und Fehlern fürchtet er sich nicht, doch aus dem Fehler nicht zu lernen, das vergibt er sich nicht. Mit derselben Abenteuerlust sich in das Unbekannte zu stürzen, stürzt er sich in die Tiefen eines Buches. Er liest, lernt und lacht. Wissen sammelt er wie andere das Gold. Doch seinen enormen Schatz an Wissen gibt er ungefragt nicht Preis. Jedoch wird er um Rat gebeten, so kennen die Grenzen seiner Hilfe keinen Preis. Der klare Geist weiß um die bedeutende Verbindung aus Erfahrung und Wissen. Er ist ein allzeit reflektierender Mensch. In der Äußerung der Kritik ist er an Behutsamkeit nicht zu übertreffen. Doch wird er selbst der Kritik konfrontiert, so empfängt er diese hochachtungsvoll. Nicht nur alle Menschen, Tiere oder Pflanzen haben denselben Wert für ihn, sondern jedes Atom und die Gesamtheit des Kosmos. Er begegnet allem und Jedem stets mit demselben Grad an Respekt, Ehrlichkeit und Aufrichtigkeit. Mit der Position der Überlegenheit brüstet er sich nicht, stattdessen geht er auf die Knie, um auf Augenhöhe reden zu können. Die Freiheit, einem Menschen nicht vergeben zu dürfen, nimmt er sich nicht. Er vergibt allen und Jedem und glaubt stets an das Gute eines Menschen, doch ohne dabei sich beeinflussen zu lassen. Der klare Geist ist ein Überlebenskünstler. Er lebt im Reichtum in gleicher Ehre wie von einer Handvoll Reis. Beraubt man ihn um dessen Eigentum, so ist er dankbar für das Vorhandensein seines Geistes.

Der klare Geist sieht es als seine Lebensaufgabe an, die energetische Spannung seines Energiefeldes unermüdlich zu erhöhen. Ist der Rahmen, durch den er seine Außenwelt erblickt, selbst am Tag seines Todes erweiterter als am Tag zuvor, so schließt er seine Augen in Zufriedenheit.

Der Rahmen muss kontinuierlich erweitert werden. Wir jagen wie hungrige Löwen die Erfahrung und das Wissen und kalibrieren somit stets unsere Werte, Definitionen und Empfindungen neu. Denn nur dieser Prozess ermöglicht es uns, den Gezeiten des Lebens standhalten zu können. Die stetige Erweiterung des eigenen Rahmens verbessert den Blick zur Außenwelt und gibt dadurch die Grundlage für die Aufrechterhaltung eines klaren Geistes.

2. Den Rahmen beschützen

Wie wir den Rahmen erweitern, haben wir nun verstanden. Doch jetzt gilt es zu begreifen, dass der Rahmen, also der Blick auf unsere Außenwelt, auch zu schützen ist. Wie bereits erwähnt, ist der Rahmen keine Konstante, da wir ständigen Eindrücken der Außenwelt ausgesetzt sind. Wir erfahren und erlernen dauerhaft Neues und kalibrieren somit stetig unsere Werte, Definitionen und Empfindungen neu. Wir sind uns nun auch über die

Einzigartigkeit des Rahmens bewusst und wissen, dass kein weiterer Mensch die Außenwelt so erblickt, wie wir sie wahrnehmen. Treten wir in irgendeiner Art in Kontakt mit einem anderen Menschen, so treffen also zwei verschiedene Rahmen aufeinander. Bei zwei Menschen, deren Werte, Definitionen und Empfindungen noch so ähnlich erscheinen mögen, gilt zu verstehen, dass die Außenwelt voneinander abweichend erblickt und wahrgenommen wird. Obwohl wir scheinbar Identisches sehen, dasselbe empfinden und übereinstimmende Vorstellungen haben, existieren doch in diesem Moment zwei **verschiedene Wahrnehmungen der Außenwelt**. Es ist eines der größten Illusionen zu glauben einen anderen Menschen verstehen zu können. Wir können niemanden verstehen und genauso wird kein Mensch auf dieser Welt jemals uns verstehen können. Denn kein Mensch auf dieser Welt ist so kalibriert wie wir es sind.

Wir können uns in niemanden und niemand kann sich in uns hineinversetzen. Wenn wir glauben die Situation oder Empfindung eines Menschen zu verstehen oder nachzuempfinden, dann ist dies nur unsere eigene Projektion der Situation. Die aufgenommenen Informationen, die eine bestimmte Lebenslage des Menschen beschreiben sollen, durchlaufen den eigenen Rahmen und anhand unserer Kalibrierung der Werte, Definitionen und Empfindungen projizieren wir ein bestimmtes Bild. Zu glauben, dieses Bild sei identisch mit dem unseres Gegenübers, ist eine Illusion. Sagen wir einem Menschen, wir könnten uns in ihn hineinversetzen, so meinen wir in Wirklichkeit, nur auch ein Bild projizieren zu können.

Aus diesem Grund ist der klare Geist sehr behutsam bei der Äußerung von Ratschlägen zu Lebenssituationen anderer. Da er weiß, dass selbst der Rat seiner eigenen Projektion entstammt. Der Rat mag für die Wahrnehmung der eigenen Außenwelt hilfreich sein, doch für die des Gegenübers vielleicht die schlechteste Lösung darstellen. Denn wir wissen nichts über die Stellung im Kosmos unseres Gegenübers. Wir können nicht erahnen, welche Lehren ein Mensch aus bestimmten Situationen zu ziehen hat. Die Lebenssituationen anderer, und dabei ist es irrelevant, wie wichtig uns dieser Mensch erscheint, sind deren Botschaften und deren Gezeiten, nicht unsere eigenen. Zwei scheinbar so identische Menschen können aus ein und derselben Situation, die sogar gemeinsam durchlebt wird, absolut verschiedene Lehren ziehen, da beide die Situation durch ihren eigenen Rahmen durchleben. Aus diesem Grund sollten wir weder Ratschläge zu bestimmten Lebenssituationen erteilen noch welche annehmen. Wenn wir glauben einem Menschen den Weg hin zur Lehre und Erfahrung durch unseren Ratschlag verkürzen zu können, dann ist dies ein Irrglaube. Es hat noch kein Mensch auf dieser Welt das Laufen erlernt, nur weil es ihm gut erklärt wurde. Vielmehr war es das über 1000-malige hinfallen und wieder aufstehen.

Wir müssen uns von der Illusion eines gemeinsamen Blicks auf die Außenwelt lösen. Denn diese Illusion stellt eine

Bedrohung für die Aufrechterhaltung des klaren Geistes dar.

Wenn wir mit einem Menschen in Kontakt treten, egal in welcher Form ob dies eine Liebesbeziehung, ein Freund, die eigenen Eltern oder Kinder sind, so dürfen wir uns nicht der vermeintlichen Verschmelzung der Sichtweisen hingeben. Der nicht erwachte Geist empfindet sich selbst und die Wahrnehmung der Außenwelt anders, wenn er in Gesellschaft von Menschen ist. Sobald er dann wieder allein ist, kehrt er zurück zu seinem eigentlichen Rahmen und seinem eigentlichen Blick auf die Außenwelt. Er lebt in der Illusion, den Blick auf die Außenwelt mit seinem jeweiligen Gegenüber für den Moment der Gemeinsamkeit zu teilen. Er ist der Auffassung, dieselbe Außenwelt wie sein Gegenüber erblicken zu können und die vermeintliche Verschmelzung der Rahmen löst in ihm eine Spiegelung der Kalibrierung des Gegenübers aus.

Das bedeutet, dass die illusionierte Verschmelzung der Sichtweisen auf die Außenwelt zu einer Adaption fremder Werte, Definitionen und Empfindungen führt. Der eigene Rahmen, der eigene einzigartige Blick auf die Außenwelt und somit die eigenen Werte, Definitionen und Empfindungen werden in der Gesellschafft von anderen Menschen unterworfen und stattdessen deren Werte, Definitionen und Empfindungen angenommen. Der eigene Rahmen wird nicht beibehalten und ein illusionierter Blick auf die Außenwelt angeeignet.

Diese Illusion ist dringend aufzulösen. Unser Rahmen ist stets zu beschützen. Denn unser eigener Blick auf die

Außenwelt ist es, der uns als Individuum auszeichnet. Der klare Geist bleibt ungeachtet dessen, ob er allein oder in Gesellschaft ist, stets im selben Bewusstsein und erhält seinen Rahmen aufrecht. Er beschützt seinen Blick auf die Außenwelt und wird somit hinsichtlich seiner Werte, Definitionen und Empfindungen nicht beeinflussbar.

Die Verschmelzung der Rahmen ist eine sehr verlockende Illusion, da sie uns das Gefühl gibt, all das, was uns umgibt, ob gut oder schlecht, ob schön oder schrecklich, nicht allein durchleben zu müssen.

Doch auch dies ist eben nur eine Illusion. Wir müssen begreifen, dass wir diesen Weg des Lebens allein bestreiten. Kein Mensch kann uns unser empfundenes Leid abnehmen. Doch genauso wenig kann er unser erlebtes Glück übertragen. Nachempfindungen sind stets nur eigene Projektionen und unbrauchbar. Andere Menschen können nur eine gewisse Zeitlang an unserer Seite laufen, doch niemals unseren Weg gehen. Wenn uns die Gezeiten des Lebens begegnen und wir in Mitten eines heftigen Sturms stehen, so können die Menschen, denen wir etwas bedeuten, nichts weiter tun, als uns höchstens einen Mantel zu reichen. Den Wind und die Kälte müssen wir allein ertragen.

Die Kunst besteht in der Aufrechterhaltung eines klaren Geistes. Dies ist ein permanenter Prozess, da wir stetig den Gezeiten des Lebens unterliegen. Um die erforderliche Widerstandskraft zur Bezwingung der Gezeiten aufzubringen, müssen wir stetig den eigenen Rahmen erweitern und zugleich beschützen. Die Erweiterung des

Rahmens stellt sich in der dauerhaften Erfahrung neuer Eindrücke und Erlernung neuen Wissens dar, da erst die Verbindung zwischen beiden eine Symbiose schafft und somit unsere Werte, Definitionen und Empfindungen neu kalibriert. Dies führt zu einem erweiterten Blick der Außenwelt, dem Rahmen. Zugleich gilt es, diesen Rahmen jederzeit zu beschützen. Wir erhalten den Blick auf unserer Außenwelt und geben uns nicht der illusionierten Verschmelzung der Rahmen hin. Somit bleiben wir unbeeinflussbar hinsichtlich unserer Werte, Definitionen und Empfindungen.

Erlebe, Erlerne, Erhalte.

Kapitel VI - Der Rückzug

In der strategischen Kriegsführung ist der taktische Rückzug eines der wichtigsten Elemente. Der Rückzug stellt das gefechtsmäßige Lösen vom Feind dar und ist eine strukturierte Absetzbewegung. Der Rückzug vom Feind findet in einer geplanten und durchdachten Ordnung statt und ist streng abzugrenzen von der Flucht. Denn die Flucht ist ungeordnet, ziellos und verläuft oftmals panisch. Ein Rückzug wird immer dann vollzogen, wenn sich die eigene Position als ungünstig darstellt, da sie keine eigenen Aktionen ermöglicht oder sogar eine Einkesselung der Truppen begünstigt und somit eine Bedrohung darstellt. Jedoch ist der Rückzug keineswegs eine Kapitulation, sondern zeugt vielmehr von Bedachtheit, da durch den Rückzug die eigene Stärke beibehalten wird. Wohingegen Truppen, die den Zeitpunkt des Rückzugs nicht rechtzeitig erkennen, die schwächende Flucht antreten müssen oder gar dem Angriff des Feindes zum Opfer fallen. Eine Schlacht wird nicht nur durch erfolgreiche Angriffe gewonnen, sondern auch durch die Fähigkeit des rechtzeitigen Rückzugs, da der Rückzug ein Ausweichen der gegnerischen Angriffe darstellt. Ein Boxkampf wird nicht nur durch die ausgeteilten Schläge für sich entschieden, sondern auch, weil den gegnerischen Schlägen erfolgreich ausgewichen wird.

Wir müssen den Zweck eines Rückzugs verstehen und dessen Notwendigkeit im Leben erkennen. Denn voranzukommen bedeutet nicht immer vorwärts zu gehen. Aus einem bedachten Schritt nach hinten können fünf nach vorne folgen. Wohingegen aus dem krampfhaften Versuch eines Schritts nach vorne fünf ungewollte nach hinten resultieren können. Es muss verstanden werden, dass der Rückzug eine ausweichende Bewegung darstellt und nicht von Schwäche, sondern Stärke zeugt. Eben sowie der Boxer, der den gegnerischen Schlägen elegant ausweicht.

Die Fähigkeit des Rückzugs ist unerlässlich für den klaren Geist. Denn treten wir einen erforderlichen Rückzug nicht an, so werden wir entweder panisch fliehen, was uns unheimlich schwächen wird, oder wir werden gar zum Opfer des Angriffs. Daher gilt es, dringend die Fähigkeit des Rückzugs zu erlernen. Ein erfolgreicher Rückzug besteht aus drei Schritten. Im ersten Schritt brauchen wir den Blick für die potenziellen Angriffe des Lebens. Der zweite Schritt setzt voraus, den rechtzeitigen Zeitpunkt des Rückzugs zu erkennen und der dritte Schritt erfordert die Stärke, auch gehen zu können.

1. Den Angriff erkennen

Zunächst müssen wir verstehen, wer oder was überhaupt eine Bedrohung für uns darstellt. Denn die Angriffe des Lebens sind nicht so offensichtlich, wie die der Schlacht, in der die gegnerische Truppe in voller

Angriffsbereitschaft vor einem steht. Die Angriffe des Lebens sind gut getarnt und nur wer sie kennt, kann sie auch erkennen.

Grundsätzlich kann alles und jeder zu jeder Zeit zu einem Angriff werden, sogar wir selbst uns selbst gegenüber. Um jedoch die Angriffe, die einen Rückzug erfordern, sehen zu können, muss zuerst die Unterscheidung des **internen** und **externen Angriffs** verstanden werden.

Wenn uns eine Person verbal beleidigt, so ist dies kein Angriff, sondern lediglich amüsant. Sollten wir dies dennoch als Angriff empfinden, so haben wir keinen klaren Geist und sind dem internen Angriff zum Opfer gefallen. Der interne Angriff ist ein illusionierter Angriff. Dies bedeutet, dass wir eine bestimmte Aktion in der Außenwelt als Angriff kategorisieren. Die eigene Kalibrierung von Werten, Definitionen und Empfindungen geben in einem bestimmten Augenblick vor, ob etwas ein Angriff ist oder nicht. Wenn uns jemand in einer Sprache beleidigt, welcher wir nicht mächtig sind, so werden wir auf Grund von mangelnden Definitionen die Aktion nicht als Angriff empfinden. Werden wir hingegen von einer uns bekannten, am Tourette-Syndrom erkrankten Person beleidigt, so werden wir diese Aktion auf Grund von genügenden Definitionen nicht als Angriff verstehen. Sollte uns jedoch die Erkrankung der Person nicht bekannt sein, so werden wir wiederum die Aktion aus mangelnden Definitionen als Beleidigung auffassen.

Zeigt uns ein 10-jähriges Kind aus dem vorbeifahrenden Schulbus den Mittelfinger, so werden wir dies eher amüsierend erleben. Wohingegen der Mittelfinger einer erwachsenen Person, deren Vorfahrt wir versehentlich genommen haben, unsere eigenen Fingermuskeln aktivieren lässt.

Nichts ist ein Angriff bis zu dem Zeitpunkt, an dem wir es zu einem erheben. Wir selbst entscheiden, ob etwas einen Angriff darstellt oder nicht. Es ist der eigene Rahmen, der eigene Blick auf die Außenwelt, gezeichnet durch die Kalibrierung der Werte, Definitionen und Empfindungen, die bestimmen, was ein Angriff ist und was nicht. Anstatt vieles aus kleinem Rahmen heraus als Angriff zu empfinden, wird der klare Geist auf Grundlage eines weiten Rahmens stets nichts als Angriff auffassen. Denn der klare Geist weiß, dass der Angriff eine Bedrohung darstellt. Eine Bedrohung für den Geist. Ein Angriff erzeugt Einschüchterung, Wut oder vielleicht sogar Hass. Er lässt uns Fehler begehen oder sogar zum Gegenangriff ausholen. Der interne Angriff ist ein illusionierter Angriff. Wer dieser Illusion verfällt, schwächt sich selbst und macht sich von seiner Außenwelt abhängig. Der klare Geist weiß besseres mit seiner kostbaren Zeit und Energie anzufangen. Er verfällt dieser Illusion nicht und nimmt stets den vergebenen Versuch eines Angriffs mit der Haltung der Unberührtheit entgegen. Somit bleiben wir stark und zeigen gleichzeitig dem Gegenüber seine Schwäche. Denn die Person muss ja wohl eines unserer Handlungen vorher als Angriff empfunden haben …

Wir haben also den internen Angriff und die damit einhergehende Illusion verstanden. Der interne Angriff ist keiner, der einen Rückzug bedarf. Denn erleben wir einen internen Angriff, so haben wir eh nichts zu beschützen, da er von nicht klarem Geist zeugt.

Die tatsächliche und ernstzunehmende Bedrohung stellt der externe Angriff dar. Dieser ist äußerst gefährlich und ein Meister der Tarnung. Er ist nur für den klaren Geist als Angriff zu erkennen. Den Übrigen gelingt diese Wahrnehmung oftmals viel zu spät, meistens erst dann, wenn sie die Einkesselung erblicken und sich schlagartig ihrer ausgangslosen Lage bewusstwerden. Plötzlich erkennen sie die Tarnung des Feindes und werden panisch, weil sie erkennen, dass sie den Zeitpunkt eines möglichen Rückzugs verpasst haben. Nun bleibt ihnen nur noch die unkoordinierte und planlose Flucht. Jetzt geht es nur noch darum, den Schaden so gering wie möglich zu halten, um dem Feind nicht vollständig zu unterliegen. Der klare Geist hingegen kennt die tatsächlichen Angriffe des Lebens. Er kann sie daher rechtzeitig wahrnehmen, aus der Ferne beobachten und, falls nötig, den Rückzug rechtzeitig einleiten.

Der externe Angriff kann aus jedem Menschen, jeder Situation und jeder Sache heraus erfolgen. Einen ernstzunehmenden und bedrohlichen Angriff stellt alles dar, was Macht über uns ergreifen möchte. Er, sie oder es wollen die Kontrolle über uns und die totale Beherrschung des Geistes. Jedoch ist deren eigentlicher Wille, nämlich die Machtübernahme, nicht offensichtlich. Stattdessen handelt es sich um einen getarnten Angriff, der uns heimtückisch in die Falle locken soll. Wenn wir einen solchen Angriff erkennen wollen, so müssen wir uns dessen Tarnung betrachten und diese auch verstehen. Die Tarnung des externen Angriffs beruht auf bestimmten Emotionen, die in uns ausgelöst werden sollen. Ziel des Angriffs ist es dann, eine Begierde nach diesen Emotionen zu wecken und uns unbemerkt in deren **Abhängigkeit** zu ködern.

Ein immer größer werdendes Verlangen nach diesen Gefühlen soll von der eigentlichen Machtübernahme des Geistes ablenken. Der externe Angriff ist ein Meister der Täuschung. Er ist wie ein Wasserschlauch mitten in der Wüste, der langsam um uns herumkreist und uns von seinem kalten Wasser schlürfen lässt. Bis sich plötzlich der durststillende Schlauch als Körper einer Viper entpuppt und wir die giftige Wirkung des Wassers bemerken. Um die Tarnung des Angriffs zu erkennen, müssen die dahinterliegenden Emotionen verstanden werden. Denn nur wenn wir begreifen, an welchen Emotionen der Angriff andockt, ist ein rechtzeitiges Ausweichen möglich.

Das scheinbare Wasser der Schlange, die Tarnung des externen Angriffs, die Emotionen, mit denen wir geködert werden, beruhen auf **Liebe, Glück** und **Sicherheit**. Diese Gefühle bilden gemeinsam die Achillessehne des Menschen und stellen somit dessen größte Verwundbarkeit dar. Die Mehrheit aller Menschen ist auf

Grund dieser drei Gefühle dem Angriff bereits zum Opfer gefallen. Die Machtübernahme wurde erfolgreich durchgeführt und der Geist befindet sich in absoluter Fremdherrschaft. Wir müssen diese drei Emotionen, das Gefühl der Liebe, des Glücks und der Sicherheit, mit absoluter Präzision durchleuchten und verstehen. Denn sie stellen unsere **größte Schwachstelle** dar und wer sich seiner Schwachstellen nicht bewusst ist, der ist wehrlos und wird jedem Angriff zum Opfer fallen.

Ein nicht erwachter Geist läuft mit einem Schild in der Hand durch das Leben, auf dem auf die Achillessehne verwiesen wird,. Er offenbart seine größte Schwachstelle, ohne sich darüber überhaupt im Klaren zu sein, und wundert sich jedes Mal erneut über den Schmerz der aufgerissenen Achillessehne. Der nicht erwachte Geist hat eine illusionierte Vorstellung von Liebe, Glück und Sicherheit. Er ist absolut ahnungslos und hält diese drei Emotionen für das Wasser aus dem fließenden Schlauch in der Wüste, das sich als Gift der Schlange enthüllt. Zunächst müssen wir also die eigene Schwachstelle durchleuchten und die drei illusionierten Vorstellungen von Liebe, Glück und Sicherheit auflösen.

Die illusionierte Vorstellung über diese Emotionen beruht auf der Annahme, dass dies Gefühle sein, die wir von unserer Außenwelt zu empfangen haben. Der nicht erwachte Geist erwartet von Menschen, Dingen oder Situationen Liebe, Glück oder Sicherheit. Er hält diese Emotionen für Gefühle, die wie Nahrung von außen von außen zugeführt werden müssen.

Entziehen wir einem Menschen die zur Aufrechterhaltung des Organismus notwendige Nahrung, so entsteht unentbehrlicher Hunger und Durst. Ein Gefühl, dass die tiefgreifenden Überlebensinstinkte des Menschen wecken und ihn sogar zum Mörder werden lassen können, da der Trieb zur Aufrechterhaltung des Organismus stärker ist als die eigene Moral. Folglich ist klar, welch unglaubliche Abhängigkeit von Nahrung besteht. Eine Abhängigkeit zu etwas, das nur über die Außenwelt zugeführt werden kann. Uns ist die Bedeutung dieser Abhängigkeit heute kaum noch bewusst. Denn bevor auch nur ein Hauch von Hunger entstehen könnte, halten wir bereits den nächsten „Snack" in der Hand. Vielen ist gar die Bedeutung des Hungers schier unbekannt. Sie halten das Gefühl zwischen Mittagessen und Abendbrot für Hunger. Diesen Menschen ist ein vollständiger Nahrungsentzug über drei ganze Tage zu empfehlen, um überhaupt mal zu spüren bekommen, was es bedeutet, wirklichen, unentbehrlichen Hunger und Durst zu haben und diesen auch aushalten zu müssen.

Denn wer die „Achillessehne" des Körpers noch nicht einmal kennt, wird Schwierigkeiten haben, die des Geistes überhaupt zu verstehen. Es gilt zu begreifen, dass eine Abhängigkeit Fremdbeherrschung bedeutet. Die Nahrung besitzt absolute Macht über uns. Denn unser Überleben hängt von dessen Zufuhr ab. Gleichzeitig stellt jede Abhängigkeit auch ein Druckmittel dar, das die Macht kontrolliert. Allein mit dem Druckmittel der Nahrung wurden über Jahrhunderte hinweg ganze Völker beherrscht und kontrolliert. Kaum vorstellbar, wird diese unausweichliche, physische Abhängigkeit noch an vielen Orten dieser Erde als kontrolliertes Druckmittel stets eingesetzt.

Doch was wäre hier wohl los, wenn morgen plötzlich alle Supermärkte einfach keine Lust darauf hätten, ihre Pforten zu öffnen. Schlagartig würde uns unsere fremdbeherrschte Existenz ersichtlich werden. Aus der Arroganz, sich wegen der nicht laktosefreien Milch im Café zu empören, würde die wildgewordene Jagd auf Kühe entstehen, um an deren Eutern nur so lutschen zu können. Doch solange die Lebensmittelhändler noch an unserem Geld interessiert sind, können wir uns die glutenfreie Pizza genüsslich reinstopfen und die dahinterliegende Abhängigkeit nicht bemerken.

Nun sind wir uns über die Bedeutung und möglichen Folgen einer Abhängigkeit im Klaren. Wir wissen auch, dass die Nahrung eine unausweichliche physische Abhängigkeit darstellt. Wie bereits erwähnt, hält der nicht erwachte Geist die drei Gefühle von Liebe, Glück und Sicherheit als etwas von außen Zuzuführendes, ebenso wie die Nahrung. Durch diese fehlerhafte Annahme entsteht eine Abhängigkeit des Geistes. Wir werden davon abhängig, ob ein Mensch oder eine Sache dazu bereit ist, uns scheinbar Liebe, Glück oder Sicherheit zu geben. Wenn wir dann so jemanden oder so etwas finden und scheinbar eines dieser Emotionen zugeführt bekommen, dann fühlt es sich gut an.

Ein Partner, der uns Liebe schenkt, ein Auto, das uns glücklich macht oder ein Job, der uns Sicherheit gibt. Wir empfinden dann das vermeintliche Privileg, mitten in der Wüste von einem Wasserschlauch trinken zu dürfen.

Genussvoll wird jeder Tropfen Wasser heruntergeschluckt:

„Endlich habe ich meinen Traumpartner gefunden, der mich zu verstehen scheint. Denn dieser ist es, der dazu bereit ist, bedingungslose Liebe zu geben. Ein Mensch, der mich so liebt, wie ich bin, und mir das auch jeden Tag zeigt. Es ist nur diese Liebe, die ich brauche. Ich möchte nie wieder einen anderen Partner haben."

„Endlich konnte ich mir meinen Traumwagen kaufen. Diesen wollte ich schon solange haben. Jetzt habe ich ihn und bin einfach nur noch glücklich. Ich steige ein, fahre los und empfinde nur Glück. Ich möchte nie wieder ein anderes Auto haben."

„Endlich habe ich meinen Traumjob. Ich habe solange studiert, mich bemüht und hochgearbeitet. Jetzt verdiene ich genügend Geld und muss mir keine Sorgen mehr machen. Dieser Job gibt mir so viel Sicherheit. Ich möchte nie wieder wo anders arbeiten."

Alles scheint wunderbar zu sein. Wir bekommen Liebe, empfinden Glück und wiegen uns in Sicherheit. Wir sind endlich komplett. Keiner kann uns dieses Lebensgefühl mehr nehmen. Wir trinken Schluck für Schluck herunter und scheinen jeden Tropfen zu genießen. Doch irgendwann bemerken wir etwas Seltsames. Obwohl wir so viel herunterschlucken, scheint der Durst nicht zu stillen zu sein. Also fangen wir an, noch kräftiger am Schlauch zu ziehen, denn wir müssen den Durst stillen:

„Es reicht mir nicht mehr aus, den Partner nur 3-mal die Woche zu sehen. Ich will mehr. Ich will mit ihm zusammenleben, um ihn jeden Tag sehen zu können. Dann nämlich kann ich seine Liebe permanent empfangen."

„Der Traumwagen ist zwar ganz schön, aber ich bereue es, ihn mir nicht als Cabrio geholt zu haben. Denn es fehlt mir, an warmen Sonnentagen mit offenem Verdeck zu fahren. Ich werde meinen Wagen verkaufen und mir ein Cabrio zulegen. Das wird mich noch glücklicher machen."

„Der Job macht mir zwar Spaß und die Bezahlung ist auch gut. Jedoch habe ich ein Angebot von einem anderen Arbeitgeber bekommen. Da würde ich noch mehr verdienen. Dies würde mir noch mehr Sicherheit verschaffen und ich könnte mir mein Eigenheim finanzieren."

Wir trinken und trinken und trinken, einen Schluck nach dem anderen. Die anfängliche Freude über den gefundenen Wasserschlauch fängt an etwas nachzulassen, da wir nun immer noch durstig sind. Irgendetwas scheint hier nicht zu stimmen. Wir fangen an uns zu fragen, weshalb der Schlauch denn so schuppig ist. Ein eigenartiges Gefühl macht sich in uns breit. Also betrachten wir den Schlauch nun mal etwas genauer. Dabei können wir schlagartig erkennen, dass der Schlauch sich um unseren Hals gewickelt hat.

Etwas panisch werdend, möchten wir uns befreien. Doch plötzlich realisieren wir, dass wir uns inmitten eines Würgegriffs befinden und bleiben vom Anblick des züngelnden Schlangenkopfs erstarrt, der sich vor unseren Augen breit macht:

„Ich dachte, du liebst mich. Warum willst du jetzt plötzlich die Trennung? Bitte mach das nicht. Ich brauche dich, ich will dich. Ich kann nicht ohne dich! Was soll ich denn jetzt nur machen?"

„Ich fasse es nicht, dass die Versicherung den Schaden meines Unfalls nicht übernimmt. Hätte ich doch lieber eine Vollkaskoversicherung abgeschlossen. Solange habe ich für diesen Wagen gespart. Wie soll ich mir denn jetzt wieder einen kaufen? Ich kann nicht mehr ohne diesen Wagen."

„Das ist kaum zu glauben, dass die Firma wegen der finanziellen Lage Mitarbeiter kündigt und ich auch noch davon betroffen bin. Ich habe jetzt kein Einkommen mehr und wer weiß, wie schnell ich wieder einen neuen Job bekomme. Ich muss auch die Raten des Kredits abbezahlen. Was mach ich denn jetzt nur?"

Plötzlich wird uns die Tarnung der gegnerischen Truppen ersichtlich und unsere eigene ausweglose Position klar. Doch im selben Zug bemerken wir, bereits eingekesselt zu sein. Jetzt bleibt nur noch die unkoordinierte und panische Flucht …

Die illusionierte Vorstellung von Liebe, Glück und Sicherheit erlangt Macht über den nicht erwachten Geist. Der externe Angriff ködert ihn mit einem schönen und wärmenden Gefühl. Der nicht erwachte Geist gibt sich diesem Gefühl voll und ganz hin und wird stückweise immer weiter von dessen Zufuhr abhängig. Er erkennt nicht, dass er in eine gefährliche Falle gelockt wird. Stattdessen jagt er der Falle noch schneller hinterher, da er immer intensivere Liebe, größeres Glück und mehr Sicherheit möchte. Doch plötzlich kommt der Zeitpunkt, an dem er nicht mehr mit den gewollten Emotionen versorgt wird. Die Außenwelt verweigert die weitere Zufuhr und schlagartig erlebt er einen „Cold Turkey". Wie ein Süchtiger jagt er vergeblich den Emotionen nach, an die er sich gewöhnt hat. Doch er bekommt sie nicht. Also wird er panisch und man sieht ihn Fingernägel kauend durch die Straßen geistern. Er wurde zum Opfer des externen Angriffs. Der externe Angriff hat die absolute Macht über seinen Geist gewonnen und so schnell kommt er aus dieser Nummer nicht wieder heraus.

Der klare Geist hingegen besitzt die Fähigkeit, geliebt zu werden, glücklich zu sein und sich sicher zu fühlen, ohne dabei von diesen Emotionen abhängig zu werden. Dies kann er nur, weil er die Fähigkeit des Rückzugs beherrscht. Wir haben jetzt die potenziellen Angriffe des Lebens durchleuchtet und auch verstanden. Auch haben wir begriffen, wie gefährlich eine Abhängigkeit ist und sie Macht über uns erlangt. Wenn wir also nun die potenziellen Angriffe sehen können, müssen wir im zweiten Schritt auch den richtigen Zeitpunkt des Rückzugs wählen können.

2. Der richtige Zeitpunkt

Keiner kann so viel Liebe, Glück und Sicherheit empfinden, wie es dem klaren Geist möglich ist. Denn dieser hat keine illusionierte Vorstellung von diesen Emotionen. Da er weiß, dass selbst diese Gefühle seinen Rahmen bedingen. Der individuelle Blick auf die Außenwelt, also unsere eigene Kalibrierung der Werte, Definitionen und Empfindungen bestimmen, was wir als Liebe, Glück oder Sicherheit empfinden.

Wenn ein Heranwachsender seinen ersten Kuss hat, so wird er diesen auf Grund eines eingeschränkten Rahmens als Liebe empfinden. Mit einem Sportwagen straff durch die Kurven zu brettern, kann aufgrund zweier unterschiedlicher Kalibrierungen dem einen pures Glück verschaffen und dem anderen Todesangst. Ein plötzliches Vermögen über eine Million Euro kann dem Sozialhilfeempfänger ein absolutes Sicherheitsgefühl bieten, während es in dem Milliardär Existenzängste auslöst.

Es ist ein Irrglaube zu meinen, Liebe, Glück und Sicherheit würden äußere Umstände bedingen. Versuchen wir, diese Emotionen von außen zuzuführen, so begeben wir uns in Richtung der Falle. Denn Liebe, Glück und Sicherheit können niemals von außen zugeführt werden. Dies sind nur die Tarnungen von **Aufmerksamkeit, Anerkennung** und **Vertrauen.** Der externe Angriff ist daher so heimtückisch, weil er unsere narzisstische Schwachstelle kennt. Wir denken, geliebt werden zu wollen, doch wollen wir nur genug Aufmerksamkeit. Wir denken, Glück empfinden zu wollen, doch wollen wir nur die Anerkennung der anderen. Wir denken Sicherheit haben zu wollen, doch möchten wir nur vertrauen können. Der externe Angriff tarnt sich als Liebe, Glück und Sicherheit und hakt sich an der Sehnsucht nach Aufmerksamkeit, Anerkennung und Vertrauen ein. Wenn dann der Haken fest genug sitzt, werden wir langsam in Richtung Wasseroberfläche gezogen, wie der Fisch, der am Haken hängt, und doch nur einen Wurm fressen wollte.

Der klare Geist empfängt Liebe, Glück oder Sicherheit nicht. Er trägt Liebe, Glück und Sicherheit in sich. Da er seine narzisstische Schwachstelle kennt und diese vor Angriffen schützt. Er braucht weder Aufmerksamkeit, Anerkennung noch hat er Angst davor, zu vertrauen. Doch es bleiben trotzdem Schwachstellen, die ihn angreifbar machen. Aber wer um die Bedeutung seiner Achillessehne weiß, der wird diese beschützen. Der klare Geist weiß, dass Liebe, Glück und Sicherheit nicht von außen zuführbar sind. Nichtsdestotrotz verfällt auch er hin und wieder den meisterhaften Täuschungen des externen Angriffs. Kein Boxkampf wird gewonnen, ohne auch nur einen einzigen Schlag einstecken zu müssen. Doch gibt es einen gewaltigen Unterschied zwischen dem Einstecken von ein paar einzelnen Schlägen und auf dem Boden zu liegen und angezählt zu werden.

Sobald wir bemerken, dass uns etwas Externes scheinbar mit Liebe, Glück oder Sicherheit füttert, werden wir vorsichtig. Wir langen nicht direkt zum Schlauch und nehmen nicht erst einmal einen fetten Schluck. Wir nähern uns stattdessen ganz vorsichtig an und überprüfen erst einmal, ob der Schlauch vielleicht Schuppen hat. Danach treten wir mal gegen den Schlauch, um zu sehen, ob sich dieser bewegt. Wir tasten uns Stück für Stück an Menschen, Dinge und Situationen heran. Wir betrachten alles unter der Prämisse, dass sich ein externer Angriff dahinter verbergen könnte. Haben wir auch nur den kleinsten Zweifel an einem Menschen, einer Sache oder einer Situation, so treten wir direkt einen Schritt zurück. Dieser Schritt rückwärts dient der vorsichtigen Überprüfung. Wir distanzieren uns für einen Moment von einem Menschen, einer Sache oder einr Situation, um nachzusehen, ob wir vielleicht nicht doch schon eine gewisse Abhängigkeit entwickelt haben. Ist dies nicht der Fall, so können wir wieder einen Schritt vorwärts machen. Doch bemerken wir auch nur den kleinsten Hauch einer Abhängigkeit, so wird der Rückzug so schnell wie möglich vorbereitet und wir befinden uns inmitten der brenzligsten Situation. Denn jetzt gehen wir in Deckung, machen keine Bewegung mehr und beobachten nur noch. Mit voller Konzentration betrachten wir das Verhalten eines Menschen, unser Empfinden gegenüber einer Sache oder den Fortgang einer Situation. Wenn nun auch nur die kleinste Aufforderung entsteht, die uns in Richtung eines Menschen, einer Sache oder Situation animieren soll, ist dies das Alarmzeichen, das den sofortigen Rückzug einleitet. Ohne auch nur eine Sekunde zu verlieren, distanzieren wir uns. Wir erkennen die Bedrohung, in der wir uns befinden. Die Fähigkeit des Rückzugs zeigt sich nicht darin, die Bedrohung zu erkennen, nachdem wir bereits angeschossen wurden. Dieses Verhalten überlassen wir dem nicht erwachten Geist. Der klare Geist hingegen lässt sich auf keine Spielchen ein. Da er weiß, dass es besser ist, einen unnötigen Rückzug vollzogen zu haben, als den Folgen eines verpassten Rückzugs zu unterliegen. Zu denken, dadurch einen Menschen, eine Sache oder eine Situation unnötigerweise zu verlieren, sind Gedanken, die von einem nicht erwachten Geist zeugen, da der klare Geist hingegen primär darauf achtet, nicht seine Klarheit zu verlieren. Menschen, Dinge oder irgendwelche Situationen kommen und gehen. Wenn wir bemerken, dass sie uns in deren Abhängigkeit locken wollen, so gibt es keinen Wert, den sie haben könnten, der eine Unterlassung des Rückzugs rechtfertigen würde. Denn nichts im Leben kann einen höheren Stellenwert haben als die Aufrechterhaltung des klaren Geistes.

Die Aufrechterhaltung des klaren Geistes stellt die absolute Grundlage von allem dar. Aus dieser Grundlage heraus erfolgt jeder Gedanke, jedes Gefühl, jedes Wort und jede Handlung. Es ist völlig belanglos, um welchen Menschen es geht, um welche Sache oder um welche Situation. Denn wenn von ihnen eine Bedrohung für die

Klarheit unseres Geistes ausgeht, werden sie nur noch von weiter Ferne auf unseren Rückgang blicken dürfen.

Wir haben nun zum einen den Blick für die potenziellen Angriffe des Lebens und zum anderen kennen wir den rechtzeitigen Zeitpunkt für einen Rückzug. Jedoch bedarf die Durchführung eines Rückzugs auch einer tiefgreifenden Stärke. Denn viele Menschen können hin und wieder die Bedrohung zwar erahnen, jedoch bringen sie nicht die Kraft auf, auch zu gehen. Diese fehlende Stärke für einen rechtzeitigen und koordinierten Rückzug mündet dann früher oder später in eine panische Flucht.

3. Die Kraft zu gehen

Hat ein Mensch den richtigen Blick erlangt, um die Bedrohungen für den Geist zu erkennen, so ist noch nichts gewonnen. Denn nur zu erahnen oder gar zu wissen, dass man jemanden oder etwas hinter sich lassen sollte, erzielt noch keine Wirkung. Die Wirkung und der damit einhergehende Schutz des Geistes erfolgen erst durch den tatsächlichen Rückzug. Erst wenn wir auch wirklich einen Menschen, eine Sache oder eine Situation verlassen, kann der Schutz des Geistes gewährleistet werden. Jedoch bedeutet der wirkliche Rückzug davonzugehen und nicht nach jedem Schritt zurückzuschauen oder gar nach der Hälfte des Rückgangs umzukehren. Denn dies macht der nicht erwachte Geist liebend gerne. Er erkennt vielleicht die Bedrohung, setzt dann zum Rückzug an, doch verfügt nicht über genügend Stärke, um tatsächlich davonzugehen.

Auf halbem Wege hält er dem Drang nach Aufmerksamkeit, Anerkennung oder Vertrauen nicht stand. Stattdessen kehrt er jämmerlich zurück zum Dealer seiner illusionierten Emotionen. Dieses Verhalten zeigt er dann langfristig und schafft es aufgrund fehlender Stärke nie wirklich zu gehen. Selbst beim Davongehen blickt er permanent zurück und fragt sich, ob es wohl die richtige Entscheidung war. Er wird von seiner narzisstischen Schwachstelle dominiert, da er sich über dessen Vorhandensein nicht einmal bewusst ist. Nicht stark genug zu sein, bedeutet zu schwach zu sein. Wer jedoch seine eigene Schwachstelle noch nicht einmal kennt, der bleibt wehrlos. Der kann nicht ernsthaft davongehen, weil ihn die Angst einholt, diese Art von Aufmerksamkeit, Anerkennung oder Vertrauen nie wieder zu bekommen. Doch der Fehler liegt bereits darin, diese Dinge je gewollt zu haben. Der nicht erwachte Geist kann zwischen Liebe und Aufmerksamkeit, Glück und Anerkennung, Sicherheit und Vertrauen, nicht unterscheiden. Das Verständnis dieser Unterscheidungen ist jedoch unerlässlich. Da wir uns ansonsten unserer eigenen Schwachstelle nicht bewusstwerden, somit zu schwach bleiben und folglich nicht genügend Stärke für einen Rückzug aufbringen.

Wir müssen verstehen, dass Liebe, Glück oder Sicherheit weder etwas darstellen, das von der Außenwelt zu empfangen wäre, noch etwas das wir in die Außenwelt senden könnten.

a) Liebe & Aufmerksamkeit

Warum ist die Frage, was Liebe sei, für die meisten Menschen unbeantwortbar?

Auf diese Frage erhalten wir oftmals nur eine Aneinanderreihung von Adjektiven, wie „fürsorglich", „zuneigend", „wertschätzend", „zärtlich" usw …

Eine solche Beschreibung der Liebe resultiert aus der Annahme heraus, dass Liebe etwas sei, das wir jemandem zu geben hätten oder von jemandem empfangen könnten. Diese Theorie mag auf den ersten Blick sinnvoll erscheinen. Doch fängt sie an jämmerlich zu hinken, sobald wir versuchen auf Grundlage dieser Annahme die „unglückliche Liebe" zu erklären. Plötzlich ist ein Mensch nicht mehr dazu bereit, meine Liebe zu empfangen. Andersherum möchte ich einem Menschen schlagartig meine Liebe nicht mehr zusenden. Wird dann versucht jene Situation zu erklären, so kommen die ganzen „Shakespeareianer" so ziemlich ins Grübeln und es folgen saloppe Aussagen wie: „Das ist nun mal die Liebe.", „Man weiß nie, wo die Liebe hinfällt.", „Ihr habt euch auseinandergelebt."…

Ihr habt euch auseinandergelebt? Was ist das denn bitte für eine Theorie? Können wir uns dann nicht einfach wieder ineinanderleben? Die gerundete Scheidungsrate der letzten 10 Jahre in Deutschland liegt bei ca. 50 % und die Leute fragen sich noch, was wohl die Ursache für den Wohnungsmangel sein könnte. Es ist vermutlich nur noch eine Frage der Zeit, bis wir auf Sammelbesichtigungen für 1-2-Zimmer-Wohnungen die Visitenkarte von einem sogenannten „Liebescoach" in die Hand gedrückt bekommen, der gerade auf Kundenakquise ist. Wenn also scheinbar jede zweite „Liebe" plötzlich verpufft, weshalb verpufft dann auch nicht jede zweite Mutterliebe? Die Mutter-Kind-Scheidungsrate der letzten 10 Jahre scheint doch sehr gering zu sein. Es kommt eher selten vor, dass die Mutter zu ihrem Kind sagt:

„Max wir müssen miteinander reden. Du bist jetzt schon seit 7 Jahren mein Sohn, aber irgendwie ist die Luft raus. Ich glaube, wir haben uns auseinandergelebt. Es wäre besser, wenn du dir eine andere Mutter suchst."

Wenn Max jetzt auch noch ein waschechter „Shakespeareianer" ist, dann erwidert er nur: „Das verflixte 7. Jahr ..."

Beziehungen gehen nicht auseinander, weil etwa die Liebe schwindet, sondern weil die Menschen einfach nicht wissen, wie eine Beziehung zu führen ist. Doch dies in diesem Buch zu erläutern, würde sowohl das Volumen als auch den Fokus der Untersuchung sprengen.

Eine Mutter kann ihr eigenes Kind genauso wenig lieben, wie sie den eigenen Partner liebt. Liebe kann weder ausgesendet noch empfangen werden. Eine Mutter ist lediglich dazu bereit, ihrem Kind unendliche Fülle an Aufmerksamkeit zu schenken. Doch wird sie ihrem Kind niemals Liebe geben können. Was ein Mensch einem anderen gibt, wird erst dann offensichtlich, wenn es entzogen wird. Denn die narzisstisch geprägte Mutter entzieht ihrem Kind gegenüber nicht in etwa Liebe, sondern lediglich die Aufmerksamkeit. Wenn wir vermeintlich von der „bedingungslosen Liebe" sprechen, so ist damit die bedingungslose Aufmerksamkeit gemeint. Einen anderen Menschen mit Aufmerksamkeit überschütten, ohne Einforderung einer Gegenleistung. Diese altruistische und zugleich ungesunde Geisteshaltung erfüllt eben evolutionsbedingt nur in der Mutter-Kind-Beziehung ihre Funktion. Denn das Neugeborene, das sich weder selbst versorgen noch schützen kann, wäre ohne die ständige Aufmerksamkeit eines anderen Menschen ziemlich aufgeschmissen. Es braucht permanente Aufmerksamkeit, die zur Versorgung und dem Schutz des Menschen dienen. Die Mutter gewöhnt sich an diese Funktion so intensiv, dass sie diese meist ein Leben lang nicht mehr ablegt. Egal wie alt oder selbständig ihr eigenes Kind bereits sein mag, schlummert immer in ihr der Glaube, das Überleben dieses Menschen hinge von ihrer Aufmerksamkeit ab. Es ist keine Liebe, die eine Mutter gegenüber ihr Kind empfindet, sondern wohl die intensivste Form der Aufmerksamkeit, der Drang, einem Menschen bedingungslose Aufmerksamkeit zu schenken. Wohingegen das heranwachsende Kind die überlebenserfordernde Aufmerksamkeit verinnerlicht. An diese Funktion des Erfordernisses gewöhnt sich der Mensch so intensiv, dass dies ebenfalls meist ein Leben lang nicht mehr abgelegt wird. Egal, wie alt oder selbstständig ein Mensch bereits sein mag, immer schlummert in ihm der Glaube, sein Überleben hinge von dieser Aufmerksamkeit ab. Der nie aufhörende Drang eines Menschen nach Aufmerksamkeit bildet eines der drei unserer narzisstischen Schwächen.

Wenn dann jemand anfängt, uns diesen Drang intensiv zu befriedigen, so wird die ursprüngliche Funktion durch die Stimulierung reaktiviert und wir gewöhnen uns an die Aufmerksamkeit eines Menschen wieder so intensiv, dass wir glauben, unser Überleben würde von dieser abhängen. Doch plötzlich entzieht uns dieser Mensch die Aufmerksamkeit und wir geraten rigoros in den Zustand panischer Todesangst, wie ein kleines Kind, das seine Mutter nicht mehr finden kann, dem sogenannten „Liebeskummer".

Der klare Geist ist sich seiner narzisstischen Schwachstelle bewusst und lässt daher dessen Stimulierung nicht zu. Er weiß, dass Aufmerksamkeit ein Rudiment seines Geistes ist und dadurch ein funktionsloses und schädigendes Überbleibsel. Dieser nie aufhörende Drang wird durch ihn kontrolliert. Er möchte niemals Aufmerksamkeit und gibt auch keinem Menschen Aufmerksamkeit. Selbst wenn ihm ein Mensch Aufmerksamkeit schenken möchte, so bleibt er unberührt und zeigt dem Menschen, dass er diese nicht u braucht. Der klare Geist versteht es, mit einem Menschen eine gemeinsame Zeit zu verbringen, ohne dabei Aufmerksamkeit zu wollen oder zu geben. Noch verlangt oder gibt er Aufmerksamkeit, wenn er sich mit einem Menschen unterhält, stattdessen fordert und gibt er Konzentration. Wenn er Hilfe braucht oder Hilfe bietet, lässt er die Aufmerksamkeit außen vor, stattdessen verlangt oder gibt er Zeit. Der klare Geist kann Zärtlichkeit geben und annehmen, doch frei von Drang. Niemals baut der klare Geist eine aufmerksamkeitsbedingende Beziehung zu einem Menschen auf. Dies gibt er jedem Menschen zu jeder Zeit zu verstehen. Einige Menschen werden ihn dafür noch umso mehr respektieren, andere ihm mit kindischem Verhalten begegnen. Da sie noch wie Kinder von der Aufmerksamkeit abhängig sind und sich so verhalten werden, als hätte man ihnen den Lutscher aus der Hand gerissen. Der klare Geist bleibt davon unberührt, da er keine Schwachstellen füttert. Sollte er sich selbst in den Fängen der Aufmerksamkeit vorfinden und bemerken, von der Aufmerksamkeit eines anderen Menschen abhängig zu werden oder einen anderen Menschen von seiner Aufmerksamkeit abhängig zu machen, so sind dies die ersten Signale für einen Rückzug. Die Bedrohung muss wahrgenommen und ernsthaft beobachtet werden. Stellen wir keinerlei Verbesserung der Situation fest, so wird der Rückzug in voller Härte vollzogen. Einer Abhängigkeit liegt immer die Verschlechterung zu Grunde und nicht die Verbesserung der Lage. Daher geben wir jeder Abhängigkeit nur eine Chance zur Besserung. Denn der klare Geist möchte weder sich selbst noch einen anderen Menschen in panischer Todesangst vorfinden müssen.

Nun haben wir die Bedeutung der Aufmerksamkeit und die damit einhergehende Illusion der Liebe verstanden. Nun müssen wir auch die tatsächliche Bedeutung der Liebe begreifen.

Liebe ist weder „Traumhochzeit" noch „Valentinstag". Dieses Bild der Liebe resultiert lediglich aus den Kalibrierungen von Werten, Definitionen und Empfindungen, also dem Rahmen, durch den wir alles erblicken, der Blick auf die Außenwelt. Unsere Kalibrierungen hinsichtlich der Liebe werden jetzt schon seit Jahrhunderten von der Romantik vergewaltigt. Von William, dem alten Romantiker, der sowohl von der Liebe als auch von Beziehungen so viel verstand wie ein Ochse vom Fliegen bis hin zu der permanenten Stimulierung durch Liebesromanzen aus Hollywood. Diese romantische Vorstellung der Liebe mag vielleicht guten Stoff liefern, um die Kinokassen klingeln zu lassen, doch haben sie weder was mit der Realität einer Beziehung zwischen Mann und Frau zu tun und schon erst recht nichts mit der Liebe. Wer eine solche Vorstellung von Liebe hat, der wird erst richtig erstaunt sein, sollte er erfahren, dass es den Weihnachtsmann nicht gibt.

Die Liebe hat nichts mit unserer Außenwelt zu tun und schon gar nichts mit der Beziehung zwischen Mann und Frau. Da die Beziehung zwischen Mann und Frau in diesem Buch nicht thematisiert werden kann und für die Erläuterung der tatsächlichen Bedeutung von Liebe exakt 0 % Relevanz hat, werden wir dieses Thema außen vor lassen.

Wir haben begriffen, dass Liebe weder gegeben noch empfangen werden kann. Dies vermag lediglich die Aufmerksamkeit und der klare Geist ist stets um dessen

Vermeidung bemüht. Die einzige Form der Liebe, die tatsächlich existiert, und frei von jeglicher Illusion ist, ist die Liebe zu uns selbst.

Liebe ist ein Zustand. Denn Liebe ist die innerliche Projektion des Energiefeldes unseres Geistes und spiegelt dessen energetische Spannung wider. Nur durch die Liebe können wir erkennen, in welchem Zustand sich unser Geist befindet. Die Liebe zu sich selbst ist streng vom Egoismus abzugrenzen. Denn Egoismus stellt nur die Priorisierung eigener an die Außenwelt gekoppelter Bedürfnisse dar. Dies hat nichts mit der Liebe zu sich selbst zu tun. Da die Liebe die innere Welt nicht verlassen kann, existiert der Egoismus nur durch die äußere. Ein Mensch, der von seiner Außenwelt nichts will, der kann nicht egoistisch sein, jedoch könnte er trotzdem keine Selbstliebe in sich tragen. Liebe ist keine Emotion, da die Liebe den Gefühlen übergeordnet ist. Der Zustand der Liebe bestimmt die eigenen Emotionen. Es ist eine innerliche Strahlkraft, welche die Klarheit des Geistes widerspiegelt. Ein Mensch klaren Geistes trägt viel Liebe in sich und hat daher reine Emotionen. Wohingegen der nicht erwachte Geist wenig Liebe in sich trägt und dies sich entsprechend auf seine eigenen Emotionen auswirkt. Der Geisteszustand ist die Grundlage jedes menschlichen Seins. Unser Geisteszustand bestimmt, was wir denken, was wir fühlen, was wir sagen und was wir machen. Da die Liebe den Geisteszustand widerspiegelt, stellt sie somit die tiefste Ebene eines Menschen dar. Jeder Gedanke, jede Emotion, jedes Wort und jede Handlung entspringt dem Grad an Liebe eines Menschen und ist auf diese zurückzuführen. Zu lieben bedeutet, sich selbst zu lieben, und sich selbst zu lieben bedeutet, dem Geist Klarheit zu schenken. Liebe ist der Ursprung von allem, jedoch nicht die illusionierte Liebe nach außen, sondern die tatsächliche Liebe nach innen. Je intensiver die Liebe zu sich selbst ist, desto klarer wird der Geist sein.

Der klare Geist schenkt anderen Menschen seine Zeit, Konzentration und Zärtlichkeit, jedoch niemals Aufmerksamkeit. Denn diese schenkt er nur sich selbst. Wer sich selbst Aufmerksamkeit schenkt, darf erfahren, was Liebe bedeutet. Der Geist ist stets wie das Neugeborene zu beschützen, das abhängig von der Aufmerksamkeit ist. Unser Geist ist unser Neugeborenes. Wir müssen ihm Aufmerksamkeit schenken, ansonsten ist er in Gefahr. Das ist die wahre Bedeutung von Liebe. Die Aufmerksamkeit gegenüber dem Geist. Geben wir einem anderen Menschen Aufmerksamkeit, so verschwenden wir zum einen kostbare Energie und zum anderen fördern wir die Abhängigkeit dieses Menschen. Doch schenken wir uns selbst Aufmerksamkeit, so entsteht Liebe und der Geist kann zur Klarheit erwachen. Wir müssen verstehen, dass es uns nicht möglich ist, einen anderen Menschen zu lieben oder Liebe zu empfangen. Liebe kann uns nicht verlassen. Liebe ist die Aufmerksamkeit gegenüber dem Geist.

b) Glück & Anerkennung

Was macht einen Menschen glücklich?

Eine Frage, mit der sich die Menschheit schon seit eh und je beschäftigt. Ganz andere Fragen konnten wir bereits beantworten. Wir fliegen über Kontinente, ja wir verlassen sogar die Atmosphäre. Ganze Bücher schicken wir innerhalb eines Wimpernschlags über den ganzen Planeten. Wir operieren an Menschen und verpflanzen Organe. Wir organisieren Revolutionen in den Weiten des Netzes. Wir brauchen keine Bibliotheken, denn sie schweben in der Luft. Ein Meer von Satelliten umkreist unsere Erde. Auf so viele Fragen bereits so viele Antworten. Doch die erste, die gestellt wurde, sie bleibt immer noch offen. Mit jeder Mathematik und Philosophie bleibt sie weiterhin nur ein Wunder der Biologie. Sie hatte bereits viele Namen, von Fortuna bis Dopamin, und manche brauchen sie erst nachdem „rien ne va plus". Welches Glück, nur dich zu haben. Doch jedem Versuch, dich zu halten, dem entziehst du dich, wie die Sonne dem Kalten ...

Ist der Magen eines Menschen satt und sein Durst gestillt, so möchte er nun glücklich sein. Manchmal gelingt es ihm und manchmal nicht. Der nicht erwachte Geist begeht einen schweren Fehler. Denn er sucht sein Glück. Doch etwas, das nicht existiert, kann nie gefunden werden. Glück existiert genauso wenig wie die Liebe in unserer Außenwelt. In allem, das wir sehen, und allem, das wir fühlen, wird sich die Königin uns nicht zeigen. Die Liebe ist unser König und das Glück die Königin. Genauso wenig wie die Liebe ist das Glück ein Gefühl. Liebe und Glück können niemals Reaktionen sein. Dies vermögen nur die Emotionen, die unsere Empfindungen der gesehenen Projektion sind und der eigenen Kalibrierung entstammen. Während ein Mensch einen anderen scheinbar glücklich macht, ist es derselbe, der in einem anderen Hass erzeugt. Ein bestimmter Beruf, der einem Menschen vermeintlich Glück bereitet, bedeutet für den anderen einen alltäglichen Alptraum. Ist das tägliche Entspannen auf dem Sofa für den Gemütlichen beglückend, so wirkt es zugleich auf den Sportler erdrückend. Genauso wenig wie die Liebe können wir Glück weder geben noch empfangen. Denn Glück ist nichts, das in unserer Außenwelt existiert.

Der nicht erwachte Geist koppelt eine illusionierte Vorstellung des Glücks an Menschen, Sachen und Situationen seiner Außenwelt. Folglich entsteht eine Abhängigkeit des vermeintlichen Glücks an die Wahrnehmung der Außenwelt. Dock Glück kann wie die Liebe nicht von außen zugeführt werden. Der nicht erwachte Geist verwechselt Glück mit Anerkennung. Der Drang nach Anerkennung ist neben der Aufmerksamkeit die zweite von drei narzisstischen Schwachstellen des Menschen.

Die Anerkennung durch die Außenwelt ist für ein Kleinkind unerlässlich. Jeder einzelne von uns, völlig egal wie viel er heute weiß, kann oder hat, kam als unwissender, nichts könnend und ohne Besitz auf diese Erde. Wenn ein Mensch anfängt, seine Außenwelt wahrzunehmen, so muss er zunächst einmal lernen, sich in dieser zu orientieren. Ein Kleinkind ist so ahnungslos wie ein Affe in der Bibliothek. Durch die Hilfe seiner sechs Sinne verschafft es sich nach und nach ein immer klarer werdendes Bild der Außenwelt. Es lernt, seine Knie beugen zu können, und nimmt die erste Herausforderung des Lebens furchtlos an. Doch schnell bemerkt es eine Schwierigkeit. Nach jedem vergebenen Versuch, die Kunst des Laufens zu erlernen, folgt ein ratloser Blick. Denn es ist abhängig. Für den ersten Schritt des Lebens braucht es die Stütze eines anderen Menschen. Wir müssen es halten und führen, um es so zu beflügeln. Mit unserer Hilfe schafft es das Kleinkind und gewinnt an Vertrauen. Vertrauen in sich selbst. So lässt es unsere Führung los, um eigenständig zu marschieren und mit jedem getanen Schritt blickt es in unsere Richtung.

Während wir ihm zeigen, wie gut es das macht und ihm seine Leistung anerkennen. Diese Anerkennung erfreut das Kleinkind. Denn durch diese lernt es seiner Leistung einen Wert zuzuordnen. Da es ahnungslos ist, kann es seinen eigenen Leistungen keinen Wert zuschreiben. Um zu erfahren, ob es etwas gut oder schlecht getan hat, benötigt es die Anerkennung seiner Außenwelt. So lernt es schnell, dass die aus der Anerkennung resultierende Freude ein guter Indikator für die Bewertung der eigenen Leistungen ist. Die große Entdeckungslust, die in ihm steckt, drängt es zur permanenten Erlernung neuer Dinge. Doch um Neues zu erlernen, benötigt es eben stets die Anerkennung anderer. Was dazu führt, dass eine sehr intensive Koppelung zwischen Anerkennung und Freude entsteht. Diese Verbindung hat sehr wohl ihre funktionale

Berechtigung. Denn sie sorgt dafür, das Kleinkind zur Erlernung neuer Dinge zu motivieren. Ohne diese Freude wäre die Entwicklung eines Menschen ansonsten sehr bescheiden.

Doch irgendwann tritt eine Sättigung dieser Entdeckungslust der Außenwelt ein. Da plötzlich die Entdeckung des eigenen Körpers in den Fokus tritt. Die Botschaft der Evolution, nun ausreichend erlernt zu haben und so langsam sich Gedanken um die eigene Fortpflanzung zu machen, wird durch den Hormonhaushalt getrieben und protestlos angenommen. Nicht nur das eigene Geschlecht, sondern insbesondere das andere wird auffällig bemerkt. Nun lernt der Mensch das Gefühl der Freude, erzeugt durch die Anerkennung, auch anders zu nähren. Er fängt an, die Anerkennung des anderen Geschlechts zu suchen, denn diese bereitet ihm dieselbe Freude. Das Männlein möchte mit der Stärke seines Körpers beeindrucken und das Weiblein mit der Schönheit ihres Körpers. Doch schnell wird bemerkt, dass nicht jeder Körper stark und nicht jeder schön zu sein scheint. In dieser Phase findet eine vermeintliche Trennung der Spreu vom Weizen statt. Denn während die Starken und die Schönen die Freude der Anerkennung genießen, brauchen alle anderen einen ersetzenden Nährstoff, um den Drang nach Freude zu befriedigen. Doch setzen beide Gruppen eine fehlerhafte Entwicklung in Gang, da der Glaube, Freude sei von außen zu nähren, intensiviert wird. Somit erlernen beide Gruppen das Übermaß. Die einen entwickeln den Komplex nach körperlicher Perfektion, um weiterhin die Anerkennung zu bekommen und den Drang nach Freude vergeblich zu befriedigen, während die anderen stets bemüht sind für die Entdeckung alternativer Möglichkeiten zur Gewinnung der Anerkennung oder gar die substanzielle Zuführung für das Stillen der Freude entdecken. Folglich wird aus der zur Erlernung neuer Dinge erforderlichen Koppelung zwischen Anerkennung und Freude eine narzisstische Schwäche da zur ursprünglichen Funktion dieser Koppelung meist nicht zurückgefunden, sondern sich stattdessen um die sinnfreie Befriedigung dieses Drangs bemüht wird. Hinzu kommt, dass dieser Komplex illusorisch für Glück gehalten wird. Der Irrglaube entsteht, glücklich zu sein funktioniere durch die Stimulierung des Drangs nach Freude. Menschen, Sachen oder Situationen können uns sehr wohl eine Freude bereiten, doch uns niemals Glück geben. Genauso wenig ist es uns möglich, einen anderen Menschen glücklich zu machen, wir können ihn höchstens erfreuen.

Der klare Geist bemerkt die Anerkennung anderer, erfreut sich jedoch nicht an dieser. Menschen, Sachen oder Situationen können den klaren Geist durchaus erfreuen, jedoch genießt er lediglich den Augenblick, frei von jeglichem Drang, und erzwingt zu keinem Zeitpunkt die Stimulierung der Freude. Stattdessen ist er stets bemüht, Freude in der Erlernung neuer Sachen zu entdecken, jedoch nie, um für diese dann Anerkennung zu ernten. Bekommt er sie trotzdem, so bleibt er unberührt, da er sich seiner narzisstischen Schwachstelle bewusst ist und diese nicht füttert. Er weiß um die Gefahr der potenziellen Abhängigkeit, die eine dauerhaft stimulierte Freude erzeugt. Er hält seinen Blick stets auf die externen Angriffe fokussiert. Denn sollte er feststellen, dass er eine Abhängigkeit zu einem Menschen, einer Sache oder einer Situation aufbaut, die seinen Drang zur Freude stimulieren oder gar er selbst zum stimulierenden Objekt des Drangs eines anderen wird, so wird der Rückzug vorbereitet und bei keiner Verbesserung der Lage in Eiseskälte vollzogen. Der klare Geist kennt nämlich den Unterschied zwischen stimulierender Freude und tatsächlichem Glück.

Glück ist neben der Liebe die zweite Dominanz des Geistes. Glück existiert in unserer Außenwelt nicht, denn sie kann wie die Liebe auch die innere nicht verlassen. Wir haben gelernt, dass die Liebe die energetische Spannung des Geistes widerspiegelt und somit die tiefste Ebene eines Menschen darstellt. Jeder Gedanke, jedes Gefühl, jedes Wort und jede Handlung sind auf den Geisteszustand zurückzuführen und somit auf die Liebe, die ein Mensch in sich trägt. Wir haben gelernt, dass Liebe durch die Aufmerksamkeit gegenüber dem Geist entsteht, da dies den Geist erwachen lässt. Auch haben wir die Bedeutsamkeit der Anerkennung verstanden. Denn sie dient dem Kleinkind zur Orientierung und Erlernung der Außenwelt. Jedoch erzeugt sie eine Koppelung mit der Empfindung der Freude und nimmt dann mit dem Erwachsenwerden eine fehlerhafte Entwicklung, die zu einer narzisstischen Schwäche wird.

Wir müssen verstehen, dass wir die Anerkennung brauchen. Nämlich die Anerkennung gegenüber dem Geist. Der klare Geist schenkt sich selbst Anerkennung. Dies kann er jedoch nur tun, wenn er auch richtig denkt, richtig fühlt, richtig spricht und richtig handelt. Diese Konstanz erzeugt die Anerkennung gegenüber dem Selbst. Der klare Geist braucht keine illusionierte Anerkennung durch die Außenwelt. Durch seine Klarheit kann er sich selbst anerkennen und dies erzeugt den Zustand des Glücks in ihm. Es ist uns nicht möglich, glücklich zu sein. Denn Glück ist ein Zustand des Inneren und Folge der Anerkennung gegenüber dem Selbst. Ein Mensch, der schlecht denkt, schlecht fühlt, schlecht spricht oder gar schlecht handelt, wird durchaus Freude empfinden können, sich jedoch niemals selbst anerkennen und daher kein Glück in sich tragen. Wohingegen der klare Geist stets klar denkt, klar fühlt, klar spricht und klar handelt, sich somit vollständig anerkennt und unendliches Glück in sich trägt.

Sowohl die Liebe als auch das Glück sind in uns. Wir können sie niemandem geben und von niemandem und nichts empfangen. Doch schenken wir dem Geist Aufmerksamkeit, so erfahren wir Liebe. Werden wir klar denken, klar fühlen, klar sprechen und klar handeln, so lernen wir die Anerkennung des Selbst und erfahren auch Glück. Die innere Aufmerksamkeit und Anerkennung führen zu Liebe und Glück. Die externe Aufmerksamkeit und Anerkennung führen in die Abhängigkeit des Geistes und können nur durch einen rechtzeitigen Rückzug vermieden werden.

c) Sicherheit & Vertrauen

Im Rahmen der Anerkennung wurden die ersten Laufschritte des Kleinkinds durchleuchtet. Dabei konnten wir feststellen, welche Bedeutung die Stütze eines anderen Menschen in diesem Prozess hat. Denn die Stütze, mit der die ersten Schritte gewagt werden, geben dem Kind Vertrauen. Durch das Vertrauen der Stütze eines anderen Menschen kann das Kind nach und nach Sicherheit aufbauen. Bekommt das Kind genug Vertrauen, so kann es ausreichend Sicherheit entwickeln und wird letztendlich die stützende Hand loslassen. Wir wissen nun, dass ein Kind für die Fähigkeit des Erlernens die Koppelung aus Anerkennung und Freude bildet. Doch dies ist nicht die einzige Koppelung. Denn für die Entdeckung der Außenwelt und dem Erlernen neuer Fähigkeiten bedarf es auch der Verbindung zwischen Vertrauen und Sicherheit. Nur wenn dem Kind ausreichend Vertrauen geschenkt wird, kann es auch Sicherheit entwickeln und so das Erlernte eigenständig praktizieren. Es braucht immer einen stützenden Menschen, der ausreichend Vertrauen schenkt. Fähigkeiten wie Laufen, Radfahren oder Schwimmen werden stets nach demselben Muster erlernt. Wir schenken einem Menschen solange Vertrauen, bis es ausreichend Sicherheit entwickelt hat und selbstständig die Stütze loslässt.

Doch die Unterscheidung zwischen Sicherheit und Vertrauen muss verstanden werden. Denn ebenso wenig wie Liebe und Glück können wir einem Menschen Sicherheit geben und auch keine Sicherheit erhalten. Auch die Sicherheit existiert nicht in der Außenwelt, sondern nur in der inneren. Wir können anderen Menschen Vertrauen geben und Vertrauen empfangen, jedoch niemals Sicherheit.

Durch die Entdeckung der Außenwelt und Erlernung neuer Fähigkeiten wird auch die Koppelung zwischen Vertrauen und Sicherheit in einem Menschen zusammengeschweißt. Diese Koppelung erfüllt auch ihre Funktion, denn würde ein Kind die Sicherheit nicht erst entwickeln müssen, so würde es sich in das Wasser schmeißen, ohne schwimmen zu können. Folglich dient die Koppelung aus Vertrauen und Sicherheit dem eigenen Schutz. Die Evolution möchte nicht, dass ein Kind eigenständig lebensgefährliche oder riskante Fähigkeiten erlernt. Das Kind soll ein Verlangen nach einem achtgebenden Erwachsenen entwickeln und selbstständig Risiken erahnen können. Denn hätten wir keinen Blick für das Risiko, so wäre unser Überleben kaum möglich. Wir würden uns permanent unwissend in lebensbedrohliche Situationen hineinbegeben. Aus diesem Grund ist der instinktive Blick für das Risiko, das ein Verlangen nach Vertrauen wecken soll, sinnvoll und für das Überleben des Menschen notwendig. Doch das Kind wird älter und sammelt immer mehr Erfahrungen. Es entwickelt viele Sicherheiten zu verschiedenen Fähigkeiten. Jedoch bleibt der Blick für das Risiko und die dahinter liegende Koppelung aus Vertrauen und Sicherheit stets erhalten. Diese anfangs sinnvolle Funktion eines Blicks für das Risiko, das ein Verlangen nach Vertrauen wecken soll, setzt eine fehlerhafte Entwicklung in Gang. In den Jugendjahren zieht der Mensch nun eigenständig los, und der Heranwachsende erlernt nun neue Dinge und Fähigkeiten, ohne dabei die achtgebende Bezugsperson um sich zu haben. Er trägt jedoch dennoch den Blick für das Risiko und die dahinterliegende Koppelung aus Vertrauen und Sicherheit in sich. Da aber nun die Bezugsperson nicht mehr in allem die Quelle des Vertrauens ist, erlernt er, Vertrauen anderweitig zu bekommen. Nun sollen andere Menschen, Sachen oder Situationen genügend Vertrauen liefern, um ausreichend eigene Sicherheit zu entwickeln. Doch er bemerkt dabei nicht, dass die Qualität seiner Vertrauensquellen erheblich abgenommen hat. Es sind nicht mehr die eigenen Eltern oder die eigene Bezugsperson, die Vertrauen schenken, sondern Freunde und Fremde oder gar Filme und Bücher. Dies führt dazu, dass der Heranwachsende Fehler begeht. Das Maß seiner Fehler wiederum ist stets auf die Qualität der Vertrauensquellen zurückzuführen. Wir können einem Menschen noch so viel Stütze bieten. Doch zieht er los und verschafft sich eigenständig mangelhafte Vertrauensquellen, so können auch wir dessen Scheitern nicht verhindern. Folglich bemerkt ein Mensch durch die eigenen Erfahrungen und Fehler, die auf Grundlage der Vertrauensquellen erlebt werden, dass nicht jede

Vertrauensquelle selben Werts ist. Der Mensch lernt zu zweifeln.

Von nun an erkennt er das paradoxe Risiko in der Vertrauensquelle, die doch eigentlich dazu dienen sollte, in ihm Sicherheit zu entwickeln. Die gesamte Funktion des Blicks für das Risiko und die dahinterliegende Koppelung nehmen eine selbstzerstörerische Entwicklung fort. Die Erfahrung eines Menschen, selbst in der Vertrauensquelle ein Risiko zu sehen, lässt den Blick für das Risiko fehlerhaft werden. Der Mensch fängt an, in selbst nicht Lebensbedrohlichem Risiken zu entdecken. Hinter allem und jedem sieht er plötzlich ein potenzielles Risiko. Aus einem Kind, das ausreichend Sicherheit in sich trug, entwickelt sich ein verängstigter und von potenziellen Risiken dominierter Erwachsener. Er findet sich in einer Welt voller scheinbarer Gefahren wieder. Permanent ist er dem Stress der Angst ausgesetzt. Hinzu kommt die mediale Vergewaltigung durch die Nachrichten, die überall und jeder Zeit erfasst werden. Wir haben gelernt, dass ein Mensch, der ein Risiko sieht, sich dieser Situation nicht einfach hingibt, sondern dass in ihm ein Verlangen nach einer Vertrauensquelle in ihm geweckt wird, die dabei helfen soll, ausreichend Sicherheit zu entwickeln, um die potenzielle Gefahr zu bändigen. Doch dieses Übermaß an vermeintlichen Risiken erzeugt ein Übermaß an Verlangen nach Vertrauen in einem Menschen und löst somit ein erhebliches Ungleichgewicht zwischen vorhandener Sicherheit und potenziellen Risiken aus.

Die Epoche in der Geschichte der Menschheit, in der das menschliche Leben so sicher war wie nie zuvor, ist zur selben Zeit auch die, in der ein Mensch noch nie so viele Ängste hatte. Dieser Komplex aus fehlerhaftem Blick für Risiken, der ein Übermaß an Verlangen nach Vertrauen erzeugt und aus dem ein Ungleichgewicht aus vorhandenen Sicherheiten und potenziellen Risiken resultiert, stellt die dritte und letzte narzisstische Schwäche des Menschen dar.

Der nicht erwachte Geist lebt in einem Paradoxon. Das gesamte Gefüge aus Risiken, Vertrauen und Sicherheit ist vollständig illusionär. Mit einem Speer in der Hand fürchtet er sich vor dem Schatten eines Spatzes. Diese paralysierte Haltung lässt ihn sowohl unfähig als auch lächerlich erscheinen. Aus dem furchtlosen und mutigen Menschen ist ein in sich gekrümmter und verängstigter geworden. Der nicht erwachte Geist ist das Produkt seiner Unsicherheit. Der einst Mammut jagende Mensch hat sich zu einem nach „Pickel am Po" googlenden entwickelt. Hinzu kommt, dass ihn diese permanent illusionierte Angst unter dauerhaften Stress setzt und dies wiederum macht ihn krank.

Der klare Geist ist sich dieser eigenen Fehlentwicklung bewusst und löst sich von den illusionierten Risiken. Somit macht er sich frei von der Unsicherheit. Er kann zwischen potenziellen wirtschaftlichen Risiken und den tatsächlichen unterscheiden. Nichts, das nicht sein Überleben in Gefahr bringt, ist ihm ein Risiko. Die eigene Arbeit oder gar das gesamte Vermögen verlieren zu können stellt dem klaren Geist kein Risiko dar und lässt ihn völlig unberührt. Solange er zu Essen und Trinken hat, sieht er keine Gefahr. Der Verlust des Lebensstandards ist lediglich der Verlust des Standards und nicht des Lebens. Ein gewisser Standard kann jederzeit wieder erreicht werden. Der klare Geist weiß auch, dass er weder Sicherheit geben noch bekommen kann. Sicherheit ist ein Zustand, der aus erhaltenem Vertrauen resultiert. Doch wendet er das Verlangen nach Vertrauen nur für die Erlernung bestimmter gefährlicher Fähigkeiten an. Für alles andere im Leben bedarf der klare Geist keines Vertrauens. Dies erzeugt enorme Sicherheit in ihm und löst die Abhängigkeit von der Außenwelt. Da er kein Vertrauen von anderen Menschen, Sachen oder Situationen braucht, wenn etwas nicht lebensbedrohlich ist. Doch sollte er bemerken, dass sich sein Blick für potenzielle Risiken fehlerhaft entwickelt, er sich in einer Abhängigkeit von dem Verlangen nach Vertrauen vorfinden oder gar selbst das vermeintlich Sicherheit schenkende Objekt ist, so wird er unmittelbar zum Rückzug ansetzen. Er wird dann einen Menschen oder eine Situation verlassen und seinen Blick für Risiken bereinigen.

Die Sicherheit ist wie auch die Liebe und das Glück kein Gefühl. Wir können lediglich Vertrauen empfinden. Jedoch bleibt die Sicherheit ein Zustand des Geistes und stellt neben dem König der Liebe und der Königin des Glücks den Prinzen dar. Liebe, Glück und Sicherheit bilden unseren Geist und ergeben gemeinsam den

Geisteszustand. Sie existieren nicht in unserer Außenwelt, sondern nur in der inneren. Liebe, Glück und Sicherheit können wir weder einem anderen Menschen geben noch selbst bekommen. Wohingegen Aufmerksamkeit, Anerkennung und Vertrauen die drei narzisstischen Schwächen des Menschen bilden. Sie stellen die externen Angriffe dar und treiben einen Menschen in die Abhängigkeit. Die externen Angriffe sind die Bedrohungen unseres Geistes, die unsere Klarheit gefährden und müssen daher stets erkannt werden. Sollten wir eine Bedrohung erkennen, so zögern wir nicht lange und bereiten den Rückzug vor da wir wissen, dass nur der Rückzug uns vor dieser Gefahr bewahren wird und die Klarheit des Geistes gewährleisten kann.

Die Aufmerksamkeit gegenüber dem Geist erzeugt *Liebe*.

Das stetig klare Denken, Fühlen, Sprechen und Handeln lässt uns unser Selbst anerkennen und die Anerkennung des Selbst erzeugt *Glück*.

Ein desillusionierter Blick auf die Risiken hemmt das Verlangen nach Vertrauen und schafft *Sicherheit*.

Kapitel VII - Mentaler Ursprungspunkt

Die Mehrheit aller Menschen verbringt ihr Leben im Dunkeln. Denn sie kennen den Schlüssel des Lebens nicht. Sie bleiben meist ein Leben lang in einem nicht erwachten Geisteszustand und erlangen höchstens im Alter ein paar Erkenntnisse. Doch wenn du diese Zeilen hier liest und sich in deinem Leben in Zukunft trotzdem nichts verändert, hast du dich bewusst für den Schlaf entschieden. Alle vorherigen Kapitel geben jedem Menschen einen Schlüssel in die Hand, mit dem die Tür des Lebens geöffnet wird. Doch kann auch ich nur den Schlüssel überreichen. Die Türe öffnen und hindurchgehen, das muss jeder für sich. Jedoch muss verstanden werden, dass durch das Lesen der Kapitel nur ein kurzer Schein der Klarheit entstehen kann. Die Worte dieses Buchs bilden den Schlüssel, die tatsächliche Öffnung der Tür jedoch wird erst durch die strenge Umsetzung erfolgen.

Nicht jeder, der dieses Buch liest, wird zur Umsetzung bereit sein. Denn es bedeutet, die bisherigen illusionierten Anschauungen aufzulösen und hinter sich zu lassen. Doch wissen wir doch nur zu gut um die Bequemlichkeit des Menschen. Wenn du hingegen einen Blick hinter die Kulissen werfen möchtest und erfahren willst, welch Unfassbarkeit dieses Leben zu bieten hat, dann setze alles aus diesem Buch um. Lies das Buch nicht nur einmal, lies es immer wieder. Du musst die Symbiose aus Wissen und Erfahrung schaffen. Ich verspreche dir, dein Leben wird sich nicht nur zum Besseren wenden, sondern du wirst erstaunt sein. Denn wenn du erst einmal erfährst, welche mächtigen Kräfte uns dominieren und du gelernt hast, diese beeinflussen zu können, so wirst du dein neues Leben nie wieder verlassen wollen.

Dieses Kapitel ist für alle, die dazu bereit sind, den Schlüssel nicht nur zu besitzen, sondern die Tür auch zu öffnen. Wenn du anfängst, all die Dinge aus den vorherigen Kapiteln umzusetzen, so wirst du in relativ kurzer Zeit bereits einen erheblichen Unterschied merken. Dein Geist ist frei von Raum und Zeit, es ist lediglich ein Energiefeld und daher dem ständigen Wandel seiner energetischen Spannungshöhe ausgesetzt. Dein Geist braucht keine bestimmte Zeit, um sich zu ändern, die Erweiterung deines Rahmens allerdings schon. Dein Bild, wie du die Außenwelt erblickst, wird sich nach und nach durch die neuen Kalibrierungen deiner Werte, Definitionen und Empfindungen verändern. Du wirst die neu erlebten Ereignisse deines Lebens mit dem aus diesem Buch erlernten Wissen stückweise koppeln. Du wirst anfangen, sowohl Menschen, die du kennst, als auch Situationen, die du erlebst, aus einem neuen Blickwinkel zu betrachten. Doch es wird nicht ausreichen, dieses Buch nur einmal zu lesen. Denn kein Mensch besitzt die kognitive Fähigkeit, das gesamte Wissen aus diesem Buch durch einmaliges Lesen zu verstehen und so lange im Gedächtnis zu behalten, bis all das Wissen mit den entsprechenden Erfahrungen verbunden wurde. Wir wissen nämlich jetzt, dass reines Wissen wertlos ist und eine Erweiterung des Rahmens erst durch die Verbindung mit der Erfahrung entsteht. Dies ist kein Buch zum Lesen, dies ist ein Buch zum Leben.

Du wirst nach ca. einem Monat strenger Befolgung der vorherigen Kapitel den ersten großen Unterschied feststellen. Denn innerhalb eines Monats erlebst du ausreichend Erfahrungen, um die ersten Verbindungen mit dem neuen Wissen zu schließen. Der erste große Unterschied wird sein, dass du anfängst, dich selbst als mentalen Ursprungspunkt deines Seins anzuerkennen. Was bedeutet das?

Dich selbst als mentalen Ursprungspunkt anzuerkennen bedeutet die Loslösung von der Außenwelt. Du wirst dich nicht mehr länger als Teil einer Gesellschafft, als Partner einer Beziehung, Mitarbeiter einer Firma oder sonstigem sehen. Es ist zwar schön, gewisse oder gar wichtige Menschen um sich zu haben, jedoch wirst du feststellen, dass völlig egal von welchen Menschen du in deinem Leben umgeben bist, du alleine bist. Du wirst dich selbst als mentalen Ursprungspunkt anerkennen. Du selbst bestimmst zu jeder Zeit was du denkst, was du fühlst, was du sagst und wie du handelst. Du wirst merken, dich selbst zuvor zwar gekannt, jedoch dich selbst nicht gelebt zu haben. Sich selbst als mentalen Ursprungspunkt anzuerkennen heißt, die wichtigste Bekanntschaft deines Lebens zu machen. Nämlich die Bekanntschaft mit dir selbst, die Bekanntschaft mit deinem Geist. Plötzlich entdeckst du die Anwesenheit deines besten und loyalsten Freundes, dich selbst. Nie wieder wird ein Mensch auch nur ansatzweise dir das geben können, was du dir selbst geben kannst. Deine gesamte Wahrnehmung der eigenen Person verändert sich nicht, sondern intensiviert sich um das Vielfache. Wir haben gelernt, dass die Aufmerksamkeit gegenüber des Geistes Liebe erzeugt. Du wirst anfangen, dich zu verlieben, nämlich in dich selbst verlieben, da du von nun an niemandem mehr Aufmerksamkeit schenkst, außer dir selbst. Menschen mögen die Aufmerksamkeit, also kannst du dir vorstellen, wie sehr dir das gefallen wird. Die Aufmerksamkeit, die du nun deinem Geist schenkst, erhöht dessen energetische Spannung. Es ist dir nicht möglich, dies nicht wahrzunehmen. Du wirst regelrecht das Erwachen deines Geistes erfahren. Diese Bekanntschaft willst du nie wieder missen. Du kannst noch so intelligent, zielstrebig oder erfahren gewesen sein, trotzdem warst du ein Mensch ohne König. Sich selbst als mentalen Ursprungspunkt anzuerkennen bedeutet, die Bekanntschaft mit dem König zu machen, dem König der Liebe, die tiefste Ebene des Seins und deiner ersten Dominanz. Spüre dich und schätze dich wie noch nie zuvor. Die erhöhte energetische Spannung deines Geistes löst neue, dich erstrahlende Kräfte in dir aus. Du hast gelernt, dass deine Außenwelt, also alles, was du wahrnimmst, nur das Bild deines Rahmens ist und somit deiner eigenen Kalibrierung der Werte, Definitionen und Empfindungen entspringt. Dies bedeutet im Umkehrschluss, dass deine Außenwelt gleichzeitig einen Spiegel deines Geistes darstellt. Du wirst dich selbst neu durch diesen Spiegel entdecken, da sich deine gesamte Außenwelt verändern wird. Du wirst das Erwachen deines

Geistes im Spiegel der Welt beobachten können. Denn nicht nur du wirst alles anders wahrnehmen, sondern auch du wirst plötzlich von anderen anders wahrgenommen. Menschen, die dich kennen, werden schlagartig anders auf deinen neuen Geist reagieren. Bei neuen Bekanntschaften, die du erfährst, wird die Beziehung zu einem Menschen auf einer ganz anderen Ebene stattfinden. Sie werden dir mit einem Grad an Respekt begegnen, welchen du vorher nicht kanntest. Denn du musst stets wissen, du bist nicht mehr der alte. Du betrittst ein neues Leben mit einem neuen Geist. Deine gesamte Umgebung, alles und jeder, wird deine erhöhte energetische Spannung bemerken und dich das auch wissen lassen.

Du hast die Bedeutung der Wechselwirkungen gelernt, also weißt du auch, dass sich nun deine Position im Kosmos verändert. Die Wechselwirkungen werden anfangen, ihre Kräfte zu deinen Gunsten wirken zu lassen. Dies wirst du mit einer Signifikanz bemerken, dass du dich anfangs für verrückt halten wirst. Plötzlich siehst du Zusammenhänge und erkennst Muster. Nichts scheint mehr willkürlich zu passieren. Es wird von nun an für dich weder Zufall, Glück oder Pech geben. Doch sage ich dir eine wichtige Sache, sprich nicht mit anderen Menschen darüber. Denn sie werden dich nicht verstehen und dies kann dich an deinem eigenen Geist zweifeln lassen. Einen nicht erwachten Geist würdest du erdrücken mit deinem neuen Rahmen. Ihm ist es nicht möglich, durch deinen Rahmen zu sehen, da er anders kalibriert ist. Doch willst du auch einem Menschen den Weg der Klarheit zeigen, so drück ihm dieses Buch in die Hand. Jedoch nicht dein eigenes, da du es selbst für lange Zeit brauchen wirst. Du bist von nun an auf der Reise des Lebens, jedoch gehst du allein. Menschen können dich nur für eine gewisse Zeit lang begleiten, doch den Weg gehst du selbst.

Der nicht erwachte Geist lebt in seiner Außenwelt. Er existiert und findet dort statt. Er blickt in den Spiegel und erkennt sein Spiegelbild als Teil seines Selbst an. Der erwachende Geist, der sich selbst als mentalen Ursprungpunkt anerkennt, bemerkt das Vorhandensein zweier Welten, nämlich die der inneren und der äußeren. Er realisiert all die Zeit zuvor, nur in den Spiegel geblickt zu haben. Nun blickt er in den Spiegel, doch die erkundende Hand geht nicht mehr länger in Richtung des Spiegelbilds, sondern in Richtung des Selbst. Wie ein Affe, der schon lange Zeit in den Spiegel blickt, doch jetzt anfängt zu begreifen, dass es sich die ganze Zeit über lediglich um eine Spiegelung des Selbst handelte.

Der nicht erwachte Geist, der sich selbst nicht als mentalen Ursprungspunkt anerkennt, blickt ebenfalls in einen Spiegel, jedoch ohne dabei zu wissen, nur das Bild einer Spiegelung zu sehen. Die Anerkennung des Selbst als mentalen Ursprungspunkt ist wie die Entdeckung einer neuen Welt. Nämlich die Entdeckung der tatsächlichen Welt. Plötzlich wird einem klar, all die Zeit über nur vergebens gegen Glas gefasst zu haben. Schlagartig wird bemerkt, dass es möglich ist, das erblickte Bild selbst beeinflussen zu können, denn die Projektion wird jetzt erkannt. Voller Erstauntheit wird damit angefangen, den Blick vom Spiegel abzuwenden und es wird erkannt, wie sich all die Zeit eine eigene Welt hinter einem verborgen hatte. Also fangen wir an, diese neue Welt zu erblicken. Wir drehen dem Spiegel den Rücken zu und laufen hinein in Richtung der neuen Welt, in der wir eigentlich bereits die ganze Zeit standen.

Wir sind nicht nur von dessen Vorhandensein fasziniert, sondern auch von dessen Schönheit und unendlicher Größe. Also setzen wir einen Schritt nach dem anderen, da wir alles, was diese neue Welt zu bieten hat, entdecken wollen. Doch was wir dann auf einmal erkennen, ist von solch einem Wahnsinn, dass es kaum in Worte zu fassen ist. Wo auch immer wir hinblicken, sehen wir ein Meer voll mit einer Spezies, der unseren gleich. Doch jeder hat nur einen Spiegel vor sich stehen, in den hineingeblickt wird und die Hand andauernd vergeblich hineingreifen wollend gegen das Glas fasst. Wir scheinen die einzigen zu sein, die ihren Blick vom Spiegel abgewendet und die eigentliche Welt erkannt haben. Wenn wir in Richtung eines dieser anderen Spiegel laufen und hineinblicken, so bleibt uns dessen Bild verborgen. Wir können die Spiegelung der anderen nicht erblicken. Auch der Versuch, den Blick der anderen vom Spiegel abzuwenden, bleibt erfolglos. Wir stupsen sie an und wollen sie auf die Illusion aufmerksam machen. Doch sie bleiben regungslos, denn sie haben sich in den Tiefen des Spiegels verloren. Unsere Neugierde auf die Weiten dieser neuen Welt übermannt uns, so lassen wir sie weiter in den Spiegel blicken und setzen unsere Reise fort. Denn wir möchten alles erfahren über diese riesige Welt. Wir wollen nicht nur die Gesamtheit ihrer Schönheit, sondern auch ihre wirkenden Kräfte entdecken. Aber irgendwann spüren wir eine ziehende Kraft und es bleibt uns schier unmöglich, einen weiteren Schritt in Richtung dieser Welt zu machen. Also bleiben wir stehen und während wir aufhören zu laufen, erscheint wieder der Spiegel vor unseren Augen. Jedoch erkennen wir, dass sich das uns zuvor bekannte Spiegelbild verändert hat. Denn nun scheint der Spiegel ein viel größerer zu sein. So fangen auch wir wieder an, uns für einen Augenblick in dessen Tiefen zu verlieren. Der Blick in den Spiegel fühlt sich gut an und uns wird klar, dass auch der Spiegel seine eigene Schönheit besitzt. So lassen wir uns gehen und auch von dessen Weiten faszinieren. Es ist aber nichts mehr, so wie es einst war. Wir genießen den Blick in den Spiegel und können uns auch in dessen Tiefen verlieren, jedoch stets nur für einen gewissen Augenblick, da wir wissen, nur in das Bild eines Spiegels zu blicken. Wir verstehen, dass wir uns stets in zwei Welten befinden. Also wenden wir den Blick wieder vom Spiegel ab und laufen weiter in die Tiefen der eigentlichen Welt. Dann wird uns plötzlich klar, dass auch diese sich wieder verändert hat. Überall, wo auch immer wir hinschauen, ragen nun rote Rosen aus dem Boden und wir erkennen, welche Liebe diese Welt uns zu geben hat. Auf einem Meer roter Rosen setzen wir unsere Reise fort und erkennen, wenn wir in die Tiefen dieser Welt blicken, wie sich ein gigantischer König über dem endlosen Himmel aufgetan hat. Dieser König blickt uns nicht nur mit einem warmen Lächeln entgegen, nein, er zieht uns regelrecht in seinen Bann, und wir können nicht anders, als einfach nur in dessen Richtung zu laufen. Mit jedem getanen Schritt in dessen Richtung wird das Bild des Königs klarer. Wir erkennen seine gigantische Größe und seine zu sich herbeirufenden Hände. Wir laufen immer weiter Schritt für Schritt, bis wir wieder plötzlich von dieser unaufhaltbaren Kraft eingeholt werden. Doch was wir dann erkennen, lässt uns vor Anziehungskraft erstarren. Es ist kein Spiegel mehr, welcher sich vor uns auftut. Wir schauen hinauf zum Himmel und sehen, dass sich nun die gesamte Decke verspiegelt hat. Es ist uns nun möglich, Dinge zu erkennen, die zuvor vor uns verborgen lagen. Der Blick in diesen verspiegelten Himmel ist mit dem vorherigen Spiegelbild nicht zu vergleichen. Denn das Bild hat an gigantischer Größe gewonnen und die Schönheit mit der wir in dessen Tiefen gezogen werden, ist überwältigend. Doch erstaunlicherweise bleibt es uns dennoch möglich, in der eigentlichen Welt weiter zu gehen. Also setzen wir die Reise fort und das verspiegelte Bild am Himmel bleibt erhalten. Wir gehen in Richtung des Königs und wann immer wir möchten, halten wir für einen Moment an und lassen uns in den Tiefen des Spiegels verlieren.

Kapitel VIII - Schicksal

Schicksal ist nichts, an das wir glauben. Es ist etwas, das wir wissen. Denn wer den Weg der Klarheit antritt, der erfasst ziemlich schnell das Nichtvorhandensein von Zufall, Glück oder Pech. Der klare Geist erkennt die Macht der Wechselwirkungen und wird somit zum eigenen Herrn seines Schicksals. Wir brauchen keine Wahrsager, um die eigene Zukunft sehen zu können. Denn lasse ich ein Glas aus meiner Hand los, so ist dessen Aufprall am Boden gewiss. Unsere Vergangenheit bestimmt, wer wir sind, und unsere Gegenwart, wer wir sein werden. Der klare Geist weiß, dass beide Blickrichtungen illusionär und nicht existenziell sind. Wir sind weder in der Vergangenheit noch sind wir in der Zukunft. Der Blick in die Vergangenheit dient der Bestätigung und der in Richtung der Zukunft der Motivation. Der Motivation, um im Hier und Jetzt, in diesem Augenblick, alle möglichen Ressourcen zu nutzen. Nur die Gegenwart ist von Bedeutung. Jede Veränderung, ob zum Guten oder Schlechten, findet in der Gegenwart statt. Ein Blick in Richtung Vergangenheit sollte umso seltener geworfen werden, je klarer der Geist wird. Wohingegen der Blick in die Zukunft stets eine Quelle der Energie ist. Wir legen all unsere Kraft in die Gegenwart. Zeit und Energie werden so sinnvoll wie möglich genutzt und werden wir überschattet von der Erschöpfung, so machen wir kurz Halt, blicken für einen Moment in die Zukunft und tanken neue Energie. Wir drücken uns von der Vergangenheit weg, marschieren in der Gegenwart und greifen in

Richtung Zukunft. Das Verhältnis aus Vergangenheit, Gegenwart und Zukunft bestimmt unser Schicksal. Blicken wir zu intensiv in Richtung des Vergangenen, so machen wir die Vergangenheit zu unserer Zukunft. Da wir dann in der Gegenwart nicht marschieren, sondern lediglich nach hinten blicken und stehenbleiben. Für den Prozess brauchen wir jedoch 1 % Vergangenheit, 94 % Gegenwart und 5 % Zukunft. Dieses Verhältnis lässt Berge verschieben. Es führt dazu, dass wir solch eine Kraft und Geschwindigkeit entwickeln, dass die Erreichung der Ziele unbemerkt bleibt und wir sie erst im kurzen Blick nach hinten, schon wieder aus der Ferne betrachten. Wir können die Vergangenheit nicht beeinflussen, jedoch besitzen wir die Macht, eine neue Vergangenheit zu schaffen. Eine Vergangenheit, die wir gar nicht mehr beeinflussen wollen. Eine Vergangenheit, auf die wir kurz blicken, nicht um Altem nachzutrauern, sondern zur kurzen Bestätigung.

Der nicht erwachte Geist lässt sich von der Vergangenheit und der Zukunft gleichzeitig zerren und bleibt somit auf der Stelle. Der klare Geist drückt sich weg von der Vergangenheit, marschiert in der Gegenwart und greift in Richtung Zukunft.

All das erlernte Wissen aus diesem Buch ist jetzt und hier anzuwenden. Du kannst deine Zukunft in diesem Augenblick bestimmen. Schicksal ist ein Zug, in dem du sitzt. Du kannst diesen Zug nicht verlassen. Jedoch entscheidest du, ob du nur ein Passagier oder der Zugführer bist. Also steh auf und übernimm die Kontrolle über diesen Zug und bestimme, wie schnell und in welche Richtung du fährst. Doch solltest du nicht dazu bereit sein, die Kontrolle zu übernehmen, so wundere dich nicht über die angefahrenen Bahnhöfe. Der nicht erwachte Geist sitzt einfach nur aus dem Fenster schauend im Zug und beschwert sich. Er beschwert sich über die Geschwindigkeit des Zugs und die angefahrenen Bahnhöfe. Wohingegen der klare Geist seine Möglichkeit erkennt und somit die Kontrolle über den Zug an sich reißt.

Der eine muss nichts machen, außer aus dem Fenster zu schauen. Er hat einen sehr gemütlichen Platz. Doch bleibt dieser von niedrigem Wert, da ihm nicht gefällt was er zu sehen bekommt. Der andere verlässt die Gemütlichkeit und begibt sich in die Schwierigkeiten der Lokführerkabine. Er braucht viel Zeit und Anstrengung, bis er versteht, wie der Zug zu steuern ist, in dem er sitzt. Doch irgendwann kommt der Zeitpunkt, an dem er die volle Kontrolle erhält. Aus der anfänglichen Schwierigkeit hat sich eine Fähigkeit entwickelt, die er unbewusst ausführt. Jetzt sitzt er in der Führerkabine, kann selbst bestimmen, was er sehen möchte und genießt den Ausblick.

Es muss verstanden werden, dass unser Schicksal nichts ist, dem wir machtlos ausgesetzt sind. Das Leben entgegnet uns nicht willkürlich. Es ist stets das Resultat des Geisteszustands. Wir halten die Fäden unseres Schicksals selbst in der Hand. Betrachte die Menschen aus deiner

Umgebung, die du kennst. Menschen, deren Geschichten dir bekannt sind. Der Ort, an dem sie sich jetzt befinden, wird rückwirkend stets einer Ordnung und Logik unterliegen. Geht es einem Menschen heute gut, so beruht dies auf dem Geist seiner Vergangenheit. Das Schicksal eines Menschen ist nicht nur formbar, es wartet regelrecht darauf, durch uns kommandiert zu werden. Denn es gibt keinen Menschen, der sein Schicksal nicht kommandiert. Manche tun dies eben bewusst und andere unbewusst. Unser Schicksal ist die änderbare Richtung des Lebens. Die eingeschlagene Richtung ist die Folge unserer Entscheidungen und unsere Entscheidungen wiederum beruhen auf unserem Geisteszustand. Unsere Außenwelt ist zwar nur eine Projektion, doch wir können entscheiden, welches Bild wir sehen wollen.

Nimm den Schlüssel, öffne die Tür und schlage die Richtung ein, in die dein Leben verlaufen soll. Du weißt jetzt, wie du dein Schicksal selbst bestimmen kannst. Schenke deinem Geist Klarheit und triff die richtigen Entscheidungen.

Kapitel IX - Entscheidungen

Der Punkt, an dem wir heute stehen, ist das Resultat unserer vergangenen Entscheidungen, und der Punkt, an dem wir in der Zukunft stehen werden, wird das Resultat der gegenwärtigen Entscheidungen sein. Menschen sind sich über die Kraft der Entscheidungen, die sie fällen, überhaupt nicht bewusst. Doch die Entscheidungen sind entscheidend. Denn fällen wir eine Entscheidung, so wählen wir einen Weg und alle anderen möglichen Varianten werden durch uns abgeschieden. Wir treffen durchschnittlich 20.000 Entscheidungen pro Tag. Das sind allein innerhalb eines Jahres 7,3 Millionen Entscheidungen, die wir treffen. Diese Entscheidungen sind nicht bedeutungslos, denn sie bilden unseren Weg und zeichnen unser Schicksal. In jeder Sekunde bestimmen wir und formen wir unsere Zukunft. Es sind nicht nur die „großen" Entscheidungen, die den eigenen Weg zeichnen, sondern jede einzelne ist von Bedeutung. Denn 5.000 kleine Entscheidungen, die falsch gefällt wurden, können maßgebender sein als eine vermeintlich wichtige, um das Richtige zu treffen. Die meisten Menschen sind sich nicht nur über die Bedeutsamkeit dieser Entscheidungen im Klaren, sondern sie wissen nicht einmal wie Entscheidungen zu treffen sind. Doch es ist von so großer Bedeutung zu wissen, wie Entscheidungen getroffen werden. Denn wenn ich nicht die Fähigkeiten besitze, die richtigen Entscheidungen zu treffen, werde ich mein Schicksal niemals lenken können. Die Anziehungskraft der Wechselwirkungen bestimmt unsere

Position im Kosmos und dementsprechend begegnet uns das Leben. Doch sind es dennoch wir, die am Ende auch die richtigen Entscheidungen treffen müssen. Denn dem klaren Geist werden die entscheidenden Gelegenheiten eröffnet, doch trifft er die falschen Entscheidungen, so widersetzt er sich nicht nur der angestrebten Richtung der Anziehungskraft, sondern mindert auch seine Klarheit. Aus diesem Grund müssen wir lernen, wie wir ab sofort unsere Entscheidungen treffen werden.

Der nicht erwachte Geist hat eine Vielzahl von seltsamen Methodiken entwickelt, mit denen Entscheidungen vermeintlich richtig getroffen werden. Das reicht von der Abwägung der Alternativen über die Entscheidungsfindung auf Grundlage der Erfahrungen bis hin zum völlig schwachsinnigem Bauchgefühl, das übrigens unter die Kategorie Weihnachtsmann fällt. Was ist bitte ein Bauchgefühl? Treffe ich meine Entscheidungen nur, wenn ich Blähungen habe? Die schlimmste Methode, seine Entscheidungen zu treffen, ist übrigens die durch die Lust bestimmte. All diese Methodiken haben eines gemeinsam, nämlich die absolute Willkür bei der Entscheidungsfindung. Denn es wird ein großer Fehler begangen und etwas Wichtiges übersehen. Dies sind nur illusionierte Entscheidungen. Der nicht erwachte Geist trifft in Wahrheit gar keine Entscheidungen. Denn entweder erhofft er sich einen bestimmten Ausgang der Lage und wählt dann die Variante, mit der er glaubt, den gewünschten Ausgang herbeirufen zu können, oder er kommt zu dem Entschluss, dass ein bestimmter Ausgang einer Lage wohl der Beste wäre und ruft diesen dann herbei. Dies stellt nur die illusionierte Entscheidungsfindung dar. Der nicht erwachte Geist macht stets einen großen Fehler, nämlich den des Versuchs, die beste Wahl zu treffen. Dabei erkennt er nicht, dass selbst das, was er für das Beste hält, eben auch nur seinem Rahmen entspringt. Seine Kalibrierungen von Werten, Definitionen und Empfindungen lassen ihn bestimmen, was er für das Beste hält. Folglich glaubt er, sein Leben lang Entscheidungen zu treffen, ohne je einmal entschieden zu haben. Darüber nachzudenken, was wohl das Klügste, das Beste, das Netteste, das Schönste, das Vorteilhafteste, das Effektivste… wäre, ist die falsche Herangehensweise. Diese Methodiken überlassen wir dem nicht erwachten Geist. Denn so ist kein Schicksal je zu lenken.

Der klare Geist trifft alle seine Entscheidungen sein Leben lang immer nach demselben Schema. Er trifft Entscheidungen, in dem er nie Entscheidungen trifft. So wie der nicht erwachte Geist auch, jedoch mit einem ausschlaggebenden Unterschied. Der klare Geist ist an einem bestimmten Ausgang einer Lage uninteressiert. Er schaut niemals, was wohl das Beste oder Klügste sein könnte da er stets offen für das, was ihm die Kräfte der Wechselwirkungen zu präsentieren haben, ist. Der klare Geist entscheidet nicht, sondern lässt seinen König bestimmen. Das bedeutet, er stellt sich immer nur eine Frage. Nämlich die, ob etwas mit seinem Geist vereinbar ist oder nicht. Die erste und einzige Priorität bleibt immer die Klarheit des Geistes. So lange etwas gegen all das hier aus diesem Buch Erlernte nicht widerspricht, ist es eine richtige Entscheidung und wird stets zielführend sein. Der klare Geist entscheidet nicht zwischen verschiedenen Möglichkeiten, sondern alle falschen prallen an ihm ab. Denn die Priorität, die Klarheit des Geistes zu bewahren, lässt falsche Entscheidungen niemals zu. Wenn ein gewisser Ausgang zur vermeintlichen Verschlechterung der Lage führt, obwohl die Klarheit des Geistes erhalten wurde, so sind wir trotzdem auf dem richtigen Weg und wir werden rückwirkend den Sinn dieser vermeintlichen Verschlechterung verstehen. Wie bereits erwähnt, kennt die magnetische Anziehungskraft, welche durch die Wechselwirkungen ausgelöst wird, kein gut oder schlecht, sondern eben nur Anziehung.

Der klare Geist versucht stets, seine Klarheit zu bewahren und nicht, Entscheidungen zu treffen. Er prüft nur, ob etwas mit ihm vereinbar ist, dadurch wird er immer richtig denken, richtig fühlen, richtig sprechen und richtig handeln. Bemerkt er hingegen, dass etwas gegen die Klarheit seines Geistes spricht, so geht er dem nicht nach und filtert alle falschen Gedanken, Gefühle, Worte und Handlungen aus. Diese Art der Entscheidungsfindung lässt uns tatsächlich entscheiden. Denn wir entscheiden, ob wir unser Schicksal bestimmen oder nicht.

Der nicht erwachte Geist entscheidet sich auch, jedoch unbewusst, dazu, sein Schicksal nicht zu bestimmen. Umso klarer der Geist wird, desto einfacher wird einem diese Vorgehensweise fallen, und wir verstehen zugleich die Bedeutungslosigkeit des Ausgangs einer Lage. Auf vier hintereinander folgenden vermeintlichen Verschlechterungen kann ein plötzlicher Sprung in Richtung des Ziels folgen, das nun in greifbarer Nähe ist. Wohingegen auf vier hintereinander folgenden Verbesserungen die absolute Katastrophe folgen kann. Wir haben nur eine Priorität in allem, was wir tun, nämlich die Bewahrung der Klarheit des Geistes.

Kapitel X - Festhalten

Ich gratuliere dir, denn du hast durchgehalten. Dies ist das letzte Kapitel dieses Buchs. Doch musst du wissen, dass es nicht zugleich das Ende des Buchs ist. Es reicht nicht aus, es nur einmal gelesen zu haben. Dieses Buch ist ein ständiger Begleiter der Klarheit. Es wird seine Zeit brauchen, bis all das Wissen tatsächlich verinnerlicht wurde. Verfestige das Lesen dieses Buchs zu einer Routine. Denke nicht, du würdest jedes Mal einfach nur dieselben Worte lesen. Denn durch die ständige Kalibrierung deiner Werte, Definitionen und Empfindungen wirst du zwar immer in dasselbe Buch blicken, doch stets was anderes erkennen. Nicht die Länge eines Liedes macht dessen Schönheit aus, sondern wie oft wir seinen Klang genießen. Es gibt Lieder, die hören wir einmal, und es gibt Werke, an denen erfreuen wir uns ein Leben lang. Wenn du meinst, die Klarheit des Geistes durch einmaliges Lesen dieses Buchs zu erlangen, dann wünsche ich dir noch einen schönen Schlaf in deiner illusionierten Welt. Mit Sicherheit wirst du es irgendwann nicht mehr brauchen, doch bis dahin ist es noch ein weiter Weg. Also solltest du es tatsächlich ernst meinen und deinem Geist die Klarheit schenken, die er verdient, so hören wir uns mit Sicherheit wieder.

All die Kapitel zuvor dienten der Desillusionierung, doch darf zu keinem Zeitpunkt der Eindruck entstehen, das Leben des klaren Geistes wäre frei von Genuss. Keiner genießt das Leben so sehr, wie der klare Geist. Die Freiheit seines Geistes lässt ihn durch das Leben schweben. Er kann jeden Augenblick und jede Fassade des Lebens in vollen Zügen genießen. Momente, die den nicht erwachten Geist zum Weinen bringen, ja selbst die erwidert er mit einem coolen lächeln. Seine geordneten Emotionen geben seinem Leben einen erstaunlichen Einklang. Das Bild seines Selbsts wird von seiner Umgebung wahrgenommen. Der klare Geist ist ein von anderen hochgradig respektierter Mensch. Er schafft Ruhe da, wo Chaos herrscht. Er bringt Freude in die Trauer. Er wird sowohl wegen seiner strengen Ordnung geschätzt als auch wegen seiner kindlichen Lebenslust stets empfangen. Stellt man ihm eine Frage, so besitzt er wegen seines umfangreichen Wissens die Fähigkeit, mit Bildern zu antworten. Die Menschen suchen nicht seine Nähe, sondern sie kleben regelrecht an ihm. Er muss permanent auswählen, welche Menschen es verdienen, seine Anwesenheit genießen zu dürfen. Der klare Geist erstrahlt jeden Raum und zieht alle Menschen machtlos in seinen Bann, ohne dabei auch nur irgendetwas zu tun.

Doch in welch gigantischen Genuss der klare Geist auch kommt, er versucht nie, etwas festzuhalten.

Der nicht erwachte Geist versucht zu genießen, doch kann er es nie in vollen Zügen, da er jeden Augenblick für die Ewigkeit festhalten will. Er ist nie im Moment. Anstatt einen schönen Augenblick einfach mal nur zu genießen, muss er mit seinem verkackten Smartphone gleich alles filmen und fotografieren.

Dem klaren Geist hingegen reicht die Erinnerung. Denn er ist frei von jedem Zwang. Er ist voll im Moment und genießt den Augenblick. Doch ist dieser vorüber, interessiert es ihn nicht. Er genießt die Anwesenheit eines Menschen, doch weiß er stets zugleich, dass dieser bereits morgen nicht mehr da sein könnte. Der klare Geist kann genießen und loslassen. Dem klaren Geist ist die Klarheit seines Geistes am wichtigsten, doch zugleich ist er ein Mensch, der sich selbst nicht zu wichtig nimmt. Die Fähigkeit loszulassen ist eines seiner größten Stärken. Denn wer nicht die Kraft aufbringen kann loszulassen, der hält fest, und wer festhält, der kann niemals frei sein. An nichts und niemandem hängt der klare Geist. Es ist schön für ihn, bestimmte Menschen um sich zu haben, doch sind sie es nicht länger, so kann es nur schöner werden. Denn er blickt nie zurück, höchstens um schmunzelnd zu betrachten, wie er wieder mal eines seiner Ziele erreicht hat, ohne dies überhaupt gemerkt zu haben. Der klare Geist kann trotzdem an bestimmte Menschen denken, doch verfällt er nicht in die Nostalgie des Schwachen. Er vermisst keine Menschen, er ist lediglich dankbar für die erlebte Zeit mit ihnen. Wohingegen der nicht erwachte Geist ein Meister der Trauer ist. Jede Gelegenheit wird zum Ausquetschen einer weiteren Träne genutzt und schafft er es nicht, so weiß er sich mit Tränenfluss fördernder Musik zu helfen, welch schwaches und lächerliches Verhalten. Ein Mensch, der nicht lernt loszulassen, der ist egoistisch. Da er alles für sich beansprucht, selbst die Momente der Vergangenheit.

Der klare Geist hingegen weiß um die schädigende Wirkung der Trauer. Also kontrolliert er seine Gedanken und verhindert somit Kettenreaktionen. Der bereits erste auftauchende Impuls, der in Richtung Trauer einschlagen könnte, wird gnadenlos eliminiert. Der nicht erwachte Geist ist nicht traurig, er entscheidet sich für die Trauer. Doch tut er dies eben unbewusst, so wie auch das Lenken seines Schicksals. Während der klare Geist den ersten Impuls bereits eliminiert, hält der nicht erwachte Geist ihn umarmend fest und löst so die Kettenreaktion weiterer negativer Gedanken und Gefühle aus. Der klare Geist wird nicht von seinen Gedanken und Gefühlen kontrolliert, denn er kontrolliert sie. Diese Ordnung der Gedanken und Gefühle führen zu der Kraft zum Loslassen. Das bedeutet jedoch auch, dass die positiven Gefühle im selben Maße zu kontrollieren sind. Der klare Geist unterbindet nämlich auch Kettenreaktionen der anderen Richtung. Denn empfindet er ein positives Gefühl, dann genießt er das für einen kurzen Moment. Doch er lässt dieses sofort wieder los und löst keine abdriftenden Gedankenwellen aus. Denn der klare Geist kann genießen und auch blitzartig wieder loslassen, da er stets im Moment bleibt.

Dies war das letzte Kapitel, jedoch für manche nicht das Ende.